Auténtico

DISCÍPULO
DE JESÚS

1 Juan 3:18

Todd Tomasella

Todd Tomasella

Auténtico Discípulo de Jesús

Todas las citas de las Escrituras han sido tomadas deliberadamente de la versión autorizada de la Santa Biblia, la versión Reina Valera

ISBN: 9798529108147

Visita: SafeGuardYourSoul.com

Email: info@safeguardyoursoul.com

Dirección postal:
Todd Tomasella
9201 Warren Pkwy. Ste. 200
Frisco, Texas 75035

Impreso en los Estados Unidos de América

"Hijitos, no amemos de palabra ni de lengua, sino de hecho y de verdad".

1 Juan 3:18

Nota del autor

Es la esperanza, el deseo y la oración del autor, que el SEÑOR bendiga al lector con el profundo deseo de autenticidad como solo Él puede hacerlo. Tras haber crecido como "religioso", después de ser salvado, este discípulo se sintió convencido de comenzar a orar al SEÑOR para que purgara y despojara todo rastro de falsedad, farsa y justicia propia sintética, y lo hiciera completo según Su voluntad. Hasta el día de hoy la oración es: *Querido Padre, en el Nombre de Jesús, por favor purifica mi corazón y mi vida de todo vestigio, de todo rastro de religiosidad y establece a este siervo en Tu bendita autenticidad - como Tu auténtico discípulo.*

Contenido

Capítulo 1

Auténtica Alegría

"**Todos los días del pobre son malos, pero** <u>**el**</u> <u>**corazón contento tiene fiesta continua**</u>". **Proverbios 15:15**

La verdadera alegría que surge de una comunión permanente con Cristo, produce el fruto de **"una fiesta continua"**, sin importar las dificultades o las temporadas difíciles de pruebas que puedan venir.

"Hermanos míos, tengan por sumo gozo cuando se encuentren en diversas pruebas ³ sabiendo que la prueba de su fe produce paciencia. ⁴ Pero que la paciencia tenga su obra completa para que sean completos y cabales, no quedando atrás en nada". Santiago 1:2-4

¿Es posible un **"festín continuo"** en todo momento y a través de todas las estaciones en cada dificultad? ¡Sí, y la clave está en mantener la Palabra de Dios corriendo rica en tu vida-manejándola, meditándola, memorizándola y compartiéndola!

"Ellos leían en el libro de la Ley de Dios, explicando y aclarando el sentido de modo que

entendieran la lectura. [9] Nehemías, que era el gobernador, el sacerdote y escriba Esdras y los levitas que enseñaban al pueblo decían a todo el pueblo:—¡Este es un día santo para el SEÑOR su Dios! No se entristezcan ni lloren. Porque todo el pueblo lloraba al oír las palabras de la Ley. [10] Luego les dijo:—Vayan, coman ricos manjares, beban bebidas dulces y envíen porciones a los que no tienen nada preparado, porque este es un día santo para nuestro Señor. No se entristezcan <u>porque el gozo del SEÑOR es su fortaleza</u>". Nehemías 8:8-10

¿Cuál es el contexto y la condición que hay que cumplir para que el gozo del SEÑOR llene nuestros corazones y sea la fuerza de nuestra vida diaria? Si estamos bajos espiritualmente, solo puede ser por una razón: no nos hemos llenado del Espíritu y de la Palabra. Querido discípulo de Jesús, el SEÑOR quiere que te llenes. ¡Mantente lleno! ¡Desborda!

"<u>La palabra de Cristo habite abundantemente</u> en ustedes, enseñándose y amonestándose los unos a los otros en toda sabiduría con salmos, himnos y canciones espirituales, cantando con gracia a Dios en su corazón". Colosenses 3:16

Entrar y permanecer en la Palabra de Dios diariamente es esencial para aguantar hasta el final, continuar, permanecer en Cristo (Mateo 25:1-13).

"Bienaventurados los que tienen hambre y sed de justicia, porque ellos serán saciados". Mateo 5:6

El pesimismo, el vaso medio lleno, el lloriqueo, la queja, etc., salen de un corazón oscurecido que necesita totalmente la luz de Cristo. **"El perverso de corazón nunca hallará el bien, y el de doble lengua caerá en el mal".** (Proverbios 17:20).

El malvado de corazón no busca al SEÑOR, y por lo tanto está vacío de Su presencia, de Su alegría, de Su amor, de Su fe, de Su gracia, y así no encuentra nada por lo que estar agradecido.

¡La depresión no puede existir en un santo que canta!

"He aquí que mis siervos cantarán por el júbilo del corazón". Isaías 65:14

"Así que, por medio de él, ofrezcamos siempre a Dios sacrificio de alabanza; es decir, fruto de labios que confiesan su nombre". Hebreos 13:15

"¡Regocíjense en el Señor siempre! Otra vez lo digo: ¡Regocíjense!" Filipenses 4:4

Cuando estás continuamente festejando el bendito y abundante banquete de la mesa del SEÑOR, alabando con gratitud su santo nombre, la alegría llenará tu corazón y su divina gloria tu rostro. ¿Estás listo para experimentar un **"festín continuo"**?

"Gloríense en su santo nombre; alégrese el corazón de los que buscan al SEÑOR. [11] Busquen al SEÑOR y su poder; busquen continuamente su rostro". 1 Crónicas 16:10-11

Jesús nos hace brillar de adentro hacia afuera, ¡y no importa lo que estemos soportando! La alegría divina es nuestra **"fuerza"** (Nehemías 8:10).

Cuando somos bendecidos al ser colocados en el desierto, en el valle por una temporada, sin tener otro lugar a donde mirar que hacia arriba, nuestra oración y estudio de la Palabra de Dios deja de ser una mera formalidad y se convierte en un grito y un clamor al SEÑOR en una profunda desesperación y fervor.

No existe una persona que esté llena de alegría y no esté en la Palabra.

A menudo en las falsas casas "proféticas" o de "palabra de fe" de la maldad, vemos al ministro llamando a la gente para que oren por los que están en depresión para que tengan alegría. ¿Es esto bíblico?

¿Dónde en la Palabra, vemos a Cristo o cualquier profeta o apóstol o cualquier persona en la iglesia primitiva orando para que la depresión deje a alguien? ¿O incluso que alguien tenga alegría? El gozo es un fruto que se produce solo a través de la obediencia y no porque alguien ore por él (Gálatas 5:22-23).

¿Estamos negando que la depresión existe? No. En la Palabra vemos que personas como el profeta Elías se deprimen, ¿verdad? Véase 1 Reyes 19:4. ¿Sustituir la depresión por la ALEGRÍA del SEÑOR es la voluntad de Dios? Sí, sin embargo, ¿cómo vemos que esto sucede al entrar en la Palabra de Dios?

Verás, los falsos ministerios identifican los problemas pero se convierten en la solución en lugar de instruirte a entrar personalmente en la Palabra para que la Palabra entre en ti-para que personalmente **"ESTUDIES para presentarte"** aprobado a Dios (2 Timoteo 2:15).

¿Y adivina qué sucede cuando el individuo se arrepiente y busca a Dios por sí mismo en la Palabra de Dios? ¡Todos los demás problemas se resuelven! Sin embargo, esos **"falsos maestros"** y **"falsos profetas"** que están entre nosotros y que se aprovechan de ti, quieren que seas un cliente más (2 Pedro 2:1-3).

Todos desean el gozo del SEÑOR, ¿verdad? Sí, pero solo aquellos que están dispuestos a devorar Su Palabra para hacerla llegar a sus corazones y mantenerla fluyendo en sus corazones, ¡experimentarán ese gran gozo del SEÑOR que es nuestra fuerza! En el contexto, el gozo del SEÑOR es la fuerza de aquellos que la leen, la escuchan, la abrazan y la mantienen fluyendo en su mente y corazón diariamente. Lee Nehemías 8:8-10.

¡La Biblia revela que la alegría viene en el DUELO y con la ingestión de la PALABRA escrita! (Ver Salmos 30:5; Eclesiastés 7:2-5; Jeremías 15:16.) ¿Tienes depresión? ¡Bien, ve con Dios en un nuevo arrepentimiento y piérdete en SU PALABRA! ¡Clama a Jesús por ti!

¿Quieres que la ALEGRÍA reemplace tu depresión? Bien. Ahora arrepiéntete y métete en la Palabra y la Palabra entrará en ti y será **"el GOZO y la ALEGRÍA"** de tu corazón-¡lo que significa que toda la depresión será vencida! Deja de orar por la depresión de la gente y empieza a dirigirlos a entrar en la Palabra para que la PALABRA pueda entrar en ellos. Exhórtelos a beber el aceite sanador de la PALABRA de Dios.

¡La Palabra de Dios no puede entrar en nosotros hasta que nosotros entremos en ella!

Fomentar la Alegría de Yahveh

El combustible divino de la alegría es la Palabra de Dios. Sin combustible = No hay alegría. Cuando la Palabra de Dios es ingerida diariamente, consistente y continuamente, la alegría que está en el interior, brillando en el exterior, ¡es el resultado!

> **"Fueron halladas tus palabras, y yo las comí. Tus palabras fueron para mí el gozo y la alegría de mi corazón; porque yo soy llamado por tu nombre, oh SEÑOR Dios de los Ejércitos". Jeremías 15:16**

La cruz diaria -poner a Dios en primer lugar y no a uno mismo- es esencial para ser consumido por la alegría del SEÑOR.

"Más bien, busquen primeramente el reino de Dios y su justicia, y todas estas cosas les serán añadidas" (Mateo 6:33). Poner a Dios en primer lugar asegura que su bendición divina descanse sobre nuestras vidas.

Cuando estamos llenos de miseria es porque todavía estamos llenos de nosotros mismos en lugar de estar llenos de Dios (Juan 3:30; Filipenses 2). **"El hombre,**

nacido de mujer, es corto de días y lleno de tensiones" (Job 14:1).

¿Cómo podemos estar llenos de la alegría de Jesús si todavía estamos llenos del yo pecaminoso? Cuando cedemos el control de nuestras vidas a Aquel que nos hizo, Su alegría y Su bendición llenan nuestras vidas.

No hay necesidad de andar "**atribulado**" cuando en realidad eres una "**nueva criatura**", un embajador regenerado de Cristo, lleno de Su amor, caminando en Su verdad.

> **"De modo que si alguno está en Cristo, nueva criatura es; las cosas viejas pasaron; he aquí todas son hechas nuevas. [18] Y todo esto proviene de Dios, quien nos reconcilió consigo mismo por medio de Cristo y nos ha dado el ministerio de la reconciliación;" 2 Corintios 5:17-18**

Como creyente nacido de nuevo estás "**predestinado(a) a ser conformado***(a)* **a la imagen de su Hijo**" (Romanos 8:29). Cuando la imagen crucificada de su Hijo Jesús actúa en nuestra vida personal, la gloria de la resurrección de Cristo nos eleva recíprocamente.

> **"Siempre llevamos en el cuerpo la muerte de Jesús por todas partes para que también en**

nuestro cuerpo se manifieste la vida de Jesús. ¹¹ Porque nosotros que vivimos, siempre estamos expuestos a muerte por causa de Jesús, para que también la vida de Jesús se manifieste en nuestra carne mortal. ¹² De manera que en nosotros actúa la muerte, pero en ustedes actúa la vida". 2 Corintios 4:10-12

La crucifixión de la vida del yo, el despojo, el vaciamiento del yo, asumir la naturaleza y la misión de Cristo para amar a los demás, es primordial para caminar en la mente de Cristo y tener una "**fiesta continua**".

El despojo de la naturaleza del "**viejo hombre**" del yo es lo mismo que la circuncisión del corazón (Romanos 2:28-29; Filipenses 3:3; Colosenses 2:11-12).

La lectura regular de Filipenses 2 será muy significativa.

Si todavía no hemos sido reducidos a harapos (la realización de nuestros propios trapos sucios), seamos conscientes de que nuestro Señor nos ama demasiado para dejarnos como estamos y ha ordenado la concesión de temporadas de sufrimiento con el fin de llevarnos a la contrición total.

"Cercano está el SEÑOR a los quebrantados de corazón; él salvará a los contritos de espíritu". Salmos 34:18

"Los sacrificios de Dios son el espíritu quebrantado. Al corazón contrito y humillado no desprecias tú, oh Dios". Salmos 51:17

La copa o el recipiente consumido y llenado por el Espíritu Santo a través de la vida en la cruz va a desbordar sobre otros perpetuamente. Mientras estemos vaciados de nosotros mismos y llenos del Espíritu Santo, las bendiciones desbordantes de Dios estarán trabajando en nuestras vidas. Eso es el ministerio-fluir en y a través del pueblo de Dios.

"Preparas mesa delante de mí en presencia de mis adversarios. Unges mi cabeza con aceite; mi copa está rebosando". Salmos 23:5

"Pero cuando se conviertan *(el corazón)* al Señor, el velo será quitado. [17] Porque el Señor es el Espíritu; y donde está el Espíritu del Señor, allí hay libertad. [18] Por tanto, todos nosotros, mirando a cara descubierta como en un espejo la gloria del Señor, somos transformados de gloria en gloria en la misma imagen, como por el Espíritu del Señor". 2 Corintios 3:16-18

"Así alumbre la luz de ustedes delante de los hombres, de modo que vean sus buenas obras y glorifiquen a su Padre que está en los cielos". **Mateo 5:16**

La Alegría de Yahveh y la Cruz

La producción del "fruto del Espíritu" (Gálatas 5:22) surge de la vida de resurrección de Cristo en el santo crucificado.

La única manera de vivir desde una posición de fuerza divina de resurrección y la luz de Cristo es vivir la vida crucificada: ¡donde estás muerto y enterrado y Cristo te está levantando perpetua y recíprocamente! Lee 2 Corintios 4:10-12; Gálatas 2:20; 5:24; 6:14.

SI no estamos crucificando la carne de manera obediente, agresiva, decidida y absoluta, la carne nos está controlando y está crucificando a Cristo fuera de nuestras vidas (Romanos 8:5-14). No hay término medio (Mateo 6:24; 12:30; 1 Corintios 10:21). Aquellos que procrastinan y tienen esta noción de que en el futuro van a llegar a poner su vida de verdad, ayunar y orar, y morir al yo, están bajo los poderes de las tinieblas. Fíjate en Gálatas 5:24 en la palabra "**HAN**". "**Y los que son de Cristo <u>han</u> crucificado la carne con los afectos y las concupiscencias**" (Gálatas 5:24).

El ayuno es un tipo de crucifixión autoinfligida de la carne, dando muerte a la vida propia, en cumplimiento de la voluntad declarada de Dios: el mandato de Dios de negarse a sí mismo, tomar la cruz y seguir a Cristo (Lucas 9:23-24).

"Y los que son de Cristo - Los verdaderos creyentes en él. Han crucificado así la carne - La han clavado, por así decirlo, en una cruz de la que no puede desprenderse, sino que es cada vez más débil con sus afectos y deseos - Todas sus malas pasiones, apetitos e inclinaciones". –Juan Wesley

" Y los que son de Cristo - Todos los cristianos genuinos han crucificado la carne - están tan lejos de obedecer sus dictados y de actuar bajo su influencia, que han crucificado sus apetitos sensuales; los han clavado en la cruz de Cristo, donde han expirado con él; por eso, dice San Pablo, Romanos 6:6, nuestro viejo hombre - la carne, con sus afectos y lujurias, está crucificada con él, para que el cuerpo del pecado sea destruido, a fin de que en adelante no sirvamos al pecado. Con lo cual vemos que Dios ha querido salvar plenamente a todos los que creen en Cristo de todo pecado, ya sea exterior o interior, con todos los afectos, pasiones irregulares y lujurias, deseos y anhelos desordenados, todo lo que un hombre pueda sentir en contra del amor y la pureza, y todo lo que

pueda desear en contra de la moderación y esa abnegación peculiar del carácter cristiano". –Adam Clarke

"Pero el fruto del Espíritu es: amor, gozo, paz, paciencia, benignidad, bondad, fe, [23] mansedumbre y dominio propio. Contra tales cosas no hay ley". Gálatas 5:22-23

ORACIÓN: *Padre Celestial, me gustaría caminar en Tu alegría bendecida, llenando mi vida a rebosar, sin importar lo que esté sucediendo. Señor, te pido que hagas tu trabajo más profundo en mi corazón, en mi vida. Por favor, aparta mi vida para glorificarte de verdad, estando lleno de los frutos de tu justicia. En el nombre de Jesús, amén.*

Capítulo 2

Dios Te Ha Creado Para Que Le Conozcas

"Y esta es la vida eterna: que te conozcan a ti, el único Dios verdadero, y a Jesucristo a quien tú has enviado". Juan 17:3

Pregúntate a ti mismo: *"¿Busco conocer al SEÑOR o soy solo otro descreído de las Escrituras que usa Su Palabra en un intento de usarlo para obtener lo que quiero?"*

Cristología significa simplemente "el estudio de Cristo". Aquellos que lo conocen y lo aman lo estudian. De hecho, ÉL es el gran tema de toda la Sagrada Escritura. Si nos perdemos de Él en la lectura de Su Palabra, tal vez se deba a la naturaleza caída egoísta y egoísta, sin cruz en nuestras vidas personales.

Si vas a ser plantado profundamente en Cristo, tu cristología, tu estudio y tu conocimiento personal de Cristo debe ser profundo, no superficial (Colosenses 2:6-10).

"Decía entonces a todos:—Si alguno quiere venir en pos de mí, niéguese a sí mismo, tome su cruz cada día y sígame. 24 Porque el que quiera salvar

su vida la perderá; pero el que pierda su vida por causa de mí, la salvará". Lucas 9:23-24

La única manera de seguir a Jesús es exactamente la que Él prescribió. **"Y el que no lleva su cruz y viene en pos de mí, no puede ser mi discípulo"** (Lucas 14:27). Para caminar con Jesús, debes negarte a ti mismo y alimentar tu espíritu.

El infierno está lleno de personas que pensaron que iban a usar a Jesús para ir al cielo, pero se negaron a buscar conocerlo en la tierra. Si, ellos respondieron a Su llamado y se salvaron y luego cayeron debido a que escogieron no tener raíz en ellos mismos-no seguir (Lucas 8:11-15).

Si fuiste salvado en el pasado y actualmente no estás buscando al SEÑOR diligentemente, te has alejado de Él y necesitas un rápido arrepentimiento antes de que sea demasiado tarde. Memoriza este versículo ahora: **"Busquen al SEÑOR y su poder; busquen continuamente su rostro"** (1 Crónicas 16:11). También: **"¡Busquen al SEÑOR mientras puede ser hallado! ¡Llámenlo en tanto que está cercano!"** (Isaías 55:6).

¿Eres un Saltador de las Escrituras?

Los herejes actúan como si pudieran saltarse e ignorar volúmenes de versículos bíblicos y no tener que dar cuentas a Dios al final. Están ensimismados, engañados voluntariamente, entregados al "**fuerte engaño**", y van a la "**condenación**" eterna (2 Tesalonicenses 2:9-12).

Hablando de doctrina esencial, ¿dónde está la cruz? ¿Por qué casi nunca la oímos predicar?

Sería imposible que un predicador tomara la cruz por sí mismo y no estuviera predicando la cruz, la vida crucificada. ¿Qué dice eso de los predicadores de Estados Unidos? Lee Filipenses 3:18-19.

Muchos hoy en día se saltan los mensajes sobre Jesús, la cruz y la vida crucificada que Él ordena (Lucas 9:23-24). Omiten las Escrituras para llegar a los mensajes que alimentan su carne (2 Timoteo 4:2-4). Hay muchísimos falsos profetas hoy en día que se acomodan a este tipo de cosas. Esto es más que obvio en los lobos de hoy que son bien pagados por sus mentiras mientras envían a millones al infierno.

"**Predica la palabra; mantente dispuesto a tiempo y fuera de tiempo; convence, reprende y exhorta con toda paciencia y** enseñanza. ³ **Porque vendrá el tiempo cuando no soportarán la sana doctrina; más bien, teniendo comezón de oír, amontonarán para sí maestros conforme a sus propias pasiones ⁴ y, a la vez que apartarán sus oídos de la verdad, se volverán a las fábulas". 2 Timoteo 4:2-4**

Los pesos ligeros autocomplacientes a los que muchos se dirigen como "pastor" no te llevan a la Palabra por ti mismo porque simplemente quieren que sigas patrocinando sus negocio$$ eclesiásticos. ¡Entiende la idea! Esto es completamente contrario a los escritos inspirados por el Espíritu Santo del apóstol Pablo de Cristo (2 Timoteo 2:15; 3:16-17; 4:2-4). ¡CUALQUIER supuesto "predicador" que no te ofenda con la sana doctrina llena de *todas* las verdades claras de las Escrituras es un lobo que se sirve a sí mismo! ¡HUYE AHORA!

La generación de hoy que se busca a sí misma tiene una mera "**forma** (*fachada*) **de piedad**", pero niega el reino de la cruz de Cristo en su vida diaria:

"Tendrán apariencia de piedad pero negarán su eficacia. A estos evita. ... ⁷ que siempre están aprendiendo y nunca logran llegar al conocimiento de la verdad". 2 Timoteo 3:5, 7

No tienen ningún interés en buscar y conocer a Cristo y por lo tanto no tienen ningún fundamento en Cristo y están construyendo su casa sobre arena que se hunde. No, en lugar de crucificar esa naturaleza inicua, buscan ampliarla y alimentarla. Su "**Dios es su vientre** (*apetitos carnales*)" (Filipenses 3:18-19).

En un mundo de falsificaciones religiosas, que no poseen más que una mera "**forma de piedad**", que Dios te bendiga para que te levantes y demuestres una verdadera y auténtica obediencia llena de adoración al SEÑOR y Salvador resucitado con cicatrices de clavos (2 Timoteo 3:5). "**Por lo tanto, si el hijo os hace libres, seréis realmente libres**" (Juan 8:36).

"**(Porque muchos andan por ahí, de quienes les hablaba muchas veces, y ahora hasta lo digo llorando, que son enemigos de la cruz de Cristo. [19] El fin de ellos será la perdición, su dios es *su* estómago** [*apetitos carnales*]**, su gloria se halla en su vergüenza, y piensan solamente en lo terrenal). [20] Porque nuestra ciudadanía está en los cielos, de donde también esperamos ardientemente al Salvador, el Señor Jesucristo. [21] Él transformará nuestro cuerpo de humillación para que tenga la misma forma de su cuerpo de gloria, según la operación de su**

poder, para sujetar también a sí mismo todas las cosas". Filipenses 3:18-21

La persona no crucificada con Cristo se comunicará usando solo cosas que le traerán elogios. No quieren el calor, las persecuciones que vienen con la predicación del Evangelio original que Jesús y sus apóstoles predicaron. Estos son los lobos sin cruz que se sirven a sí mismos, de los que Pablo nos advirtió específicamente en Filipenses 3:18-19.

Jesús advierte: **"¡Ay de ustedes, cuando todos los hombres hablan bien de ustedes! Porque así hacían sus padres con los falsos profetas"** (Lucas 6:26).

Santos, Cristo y Su <u>cruz</u> deben estar en el centro mismo de nuestras vidas o Su fundamento no está siendo construido en nosotros y la ruina eterna será nuestro futuro irreversible.

Muchos hoy en día, hojean las Escrituras para escoger versos para su propio interés, manteniéndose alejados de ciertas partes de la Biblia porque son demasiado controvertidas-lo cual es apostasía. La cruz no es central en sus vidas para crucificar el yo y por eso no buscan al SEÑOR-para amarlo, adorarlo y conocerlo íntimamente.

Los fariseos, los falsos religiosos de los días de Cristo hicieron precisamente eso. Ellos se adentraron en Su Palabra pero no sometieron sus corazones al SEÑOR: **"Escudriñen las Escrituras, porque les parece que en ellas** *(las Escrituras)* **tienen vida eterna y ellas son las que dan testimonio de mí. 40 Y ustedes no quieren venir a mí para que tengan vida"** (Juan 5:39-40).

"Porque han muerto, y su vida está escondida con Cristo en Dios". Colosenses 3:3

¿Recuerdas el escenario que Jesús predijo para muchos que lo reclaman como su **"Señor"**? Mira esto:

"No todo el que me dice ' Señor, Señor' entrará en el reino de los cielos, sino el que hace la voluntad de mi Padre que está en los cielos. 22 MUCHOS me dirán en aquel día: '¡Señor, Señor! ¿No profetizamos en tu nombre? ¿En tu nombre no echamos demonios? ¿Y en tu nombre no hicimos muchas obras poderosas?'. 23 Entonces yo les declararé: 'Nunca les he conocido. ¡Apártense de mí, obradores de maldad!" Mateo 7:21-23

Cuando Jesús alimentó a los 5.000, solo quedaron 12. Después de que sus apetitos carnales fueron satisfechos por Jesús, los 5.000 se apartaron de Él, dejando solo a los doce (Juan 6).

Amados de Dios, entrar en la Palabra de Dios diariamente es de suma importancia para nuestra vida aquí y ahora... y nuestra vida en la eternidad. El arrepentimiento es necesario. Vuélvete al SEÑOR con todo el corazón y busca su santo rostro sin descanso. Pídele que se revele a sí mismo, su corazón en y a través de su Palabra y por su Espíritu Santo (Salmos 33:11).

El SEÑOR se revela a aquellos que lo buscan diligentemente en Su Palabra. **"Escudriñad las Escrituras; ... ellas son las que dan testimonio de mí"** (Juan 5:39).

La Palabra de Dios no puede y no entrará en nosotros a menos que nosotros entremos en ella. Entonces, la espada de Su Palabra hará su trabajo esencial de circuncisión y limpieza. **"Ahora estáis limpios por la palabra que os he hablado"** (Juan 15:3).

ORACIÓN: *Padre Santo, por favor infunde en mí el deseo de buscarte y conocerte de verdad desde un corazón auténticamente sincero y honesto, en el temor de Dios. En el nombre de Jesús, amén.*

Capítulo 3

Amor Auténtico

"SI me aman, guardarán mis mandamientos". Juan 14:15

¿Has notado el **"Si"** de esta declaración de nuestro Señor Jesús?

Bien, vuelve a leer las palabras de Jesús arriba y mira qué viene primero en la frase: ¿**"el amor"** o guardar sus mandamientos? **"Si me aman, guarden mis mandamientos"** dice Jesús (Juan 14:15).

Si no lo conocemos y lo amamos, es inútil tratar de guardar Su Palabra. No está hablando de que guardemos su Palabra para ganar Su justificación, sino como el fruto de conocerle en una relación de salvación.

"Pocos parecen entender la gran diferencia entre la obediencia y el legalismo. Nosotros obedecemos porque amamos a Dios, y sabemos que la obediencia no nos salva. El legalismo cree que por obedecer se salvan. Los que hemos nacido de nuevo sabemos que solo la sangre de Jesús nos salvó, pero también sabemos que la obediencia demuestra que somos salvos y nos mantiene salvos. Es un gozo obedecer al

Señor ya que amamos lo que Él ama y odiamos lo que Él odia. Amen". –Shirley Bruso

Disfrutar de Cristo en el amor. Ninguno de nosotros puede merecer o ganar Su amor o justificación. Simplemente respondemos. ¡SÍ! La obediencia es extremadamente importante pero no sin RELACIÓN.

Jesús no es glorificado por el cumplimiento de sus instrucciones/órdenes por aquellos que no lo aman. El amor es lo primero. Amar y adorarle es lo más importante para Dios. **"Si** *(Si, Si)* **me amáis, guardad mis mandamientos"** (Juan 14:15).

El amor es el factor que gobierna: **"Le amamos, porque él nos amó primero"** (1 Juan 4:19). El amor comienza con Dios, y cualquier relación requiere un amor recíproco, un amor que fluye de cada una de las dos partes.

"Así trabajó Jacob por Raquel siete años, los cuales le parecieron como unos pocos días, PORQUE LA AMABA" (Génesis 29:20). A Jacob no le importó servir siete años enteros por Raquel porque la amaba mucho. El verdadero discípulo no ve el servicio a Dios como un trabajo pesado, ¡sino que se deleita porque ama a Dios supremamente!

"Pues este es el amor de Dios: que guardemos sus mandamientos. Y sus mandamientos no son gravosos". 1 Juan 5:3

Si no lo amamos -de verdad- con todo nuestro corazón, mente y fuerzas, no le interesa que lo obedezcamos (Mateo 22:37-39). Ahora, por supuesto, si realmente lo amo, lo *obedeceré*, y sin embargo Jesús no quiere que pensemos que lo estamos impresionando solo con la obediencia externa.

"Amarás al Señor tu Dios con todo tu corazón…" Mateo 22:37

"SI *(Si, Si)* me aman, guardarán mis mandamientos". Juan 14:15

"Si" denota condición. Y, si amamos a Jesús, obedecerle es una alegría, como lo fue para Jacob cuando sirvió siete años enteros para obtener una relación matrimonial de por vida con su amada Raquel (Génesis 29:20).

Tal vez no estamos entendiendo la economía divina como Cristo quiso que lo entendiéramos. Jesús dice: **"SI me amáis, guardad mis mandamientos"** (Juan 15:14). Es solo SI amo a Jesús que Él está interesado en que yo haga las cosas que Él le dijo a su verdadero pueblo que hiciera, de lo contrario, mis buenas obras son en vano, incluso si sufro el martirio de que mi cuerpo sea quemado— **"Si tengo profecía y entiendo todos los misterios y todo conocimiento; y si tengo toda la fe, de tal manera que traslade los montes, pero no tengo amor, nada soy"** (1 Corintios 13:2).

En la economía divina, todo comienza con el AMOR: **"Tanto amó Dios al mundo que le dio ..."** (Juan 3:16). La Biblia nos informa de que **"El Señor mira el corazón"**, y si ve que no le amo de verdad, no le interesa mi vana apariencia exterior (1 Samuel 16:7).

Jesús dijo: **"SI me amas, guarda mis mandamientos"** (Juan 14:15), y no *"Demuestra que me amas guardando mis mandamientos"* ... gran diferencia. Jesús no está interesado en que ningún guardián de la ley guarde sus mandamientos. ¡Él desea y llama a su pueblo a amarlo! Si no es así, no hay razón para tratar de obedecerle. Tal obediencia de memoria sería una pérdida de tiempo.

"Jesús le dijo, Amarás al Señor tu Dios con todo tu corazón y con toda tu alma y con toda tu mente. [38] Este es el grande y el primer mandamiento. [39] Y el segundo es semejante a él: Amarás a tu prójimo como a ti mismo. [40] De estos dos mandamientos dependen toda la Ley y los Profetas". Mateo 22:37-40

Los que verdaderamente lo conocen y lo aman, cumplen sus mandamientos. No viven en sus propios términos, sino en los de Él. Se deleitan en hacer Su voluntad porque realmente buscan, conocen y aman a Aquel que se desangró para redimir sus almas, que de otro modo serían desesperadas y miserables. Sin embargo, la obediencia no salva a nadie. Guardar Sus mandamientos no te salva. Los fariseos pretendían hacerlo mientras se negaban a venir a Cristo (Juan 5:39-40).

No, solo Dios puede salvar, y lo hace en *Sus* términos: la fe inicial y continua **"que obra por el amor"**, que es la relación. Sí, **"la fe... obra por el amor"** (Gálatas 5:6). Recuerda que incluso si una persona llega a dar su cuerpo para ser quemado y no tiene amor (no ama a Dios) ¡es en vano! Véase 1 Corintios 13:3.

1 Tesalonicenses 1:3 habla de los que ya son salvos usando las frases **"obra de fe y trabajo de amor"**. Por favor, presta mucha atención a las palabras, **"fe"** y **"amor"**.

"Nos acordamos sin cesar, delante del Dios y Padre nuestro, de la obra de su <u>fe</u>, del trabajo de su <u>amor</u> y de la perseverancia de su esperanza en nuestro Señor Jesucristo" 1 Tesalonicenses 1:3

33

Cuando Dios nos salva inicialmente, pone en nuestros corazones un amor por Él que se manifiesta al poner nuestra fe en Cristo. Jesús enseñó que conocer al Padre y a Él mismo es cardinal en su reino. **"Y esta es la vida eterna** *(todo el propósito para ello)*, **que te conozcan a ti, el único Dios verdadero, y a Jesucristo a quien tú has enviado"** (Juan 17:3).

¿Envió Dios a Su Hijo unigénito para crear un ejército de guardianes mecánicos de la ley O una familia que lo conozca, lo adore y le rinda culto? ¿Cuál dice la Biblia que es la razón cardinal de todo el plan de redención? ¿Por qué envió Dios a su Hijo unigénito para que sangrara, fuera enterrado y resucitara para justificar a todos los que vinieran a Él? ¿Estás familiarizado con lo que el Señor nos dijo en Éxodo 25:8; Mateo 22:37-40, y Filipenses 3:10?

¡Debemos tener anclado en nuestros corazones esta gloriosa verdad de conocerlo a Él! Nada más importa si no lo saboreamos, lo adoramos y lo veneramos. Si nombras el nombre de Jesucristo, beneficiará mucho tu vida, tu entendimiento y tu ministerio el memorizar las palabras del mismo Redentor, tal como se registra en Juan 17:3. Más sobre esto más adelante.

Si amamos al Señor y a nuestro prójimo verdaderamente, no robaremos, mentiremos, codiciaremos, daremos falso testimonio, odiaremos, cometeremos adulterio, o cualquier otro pecado, sino que estaremos caminando en la perfecta voluntad de Dios. En realidad es muy simple. Pero primero debemos examinar este día si realmente lo amamos.

Un hermano escribe:

> *"La santidad es, ante todo, amor ágape. Un amor incondicional hacia todos, incluidos los enemigos de nosotros y de Dios. El exceso de énfasis en el arrepentimiento puede convertirnos en el iniciador y a Dios en el respondedor si no tenemos cuidado. Dios es siempre el iniciador".*

En mi opinión, debemos tener mucho cuidado de no enfatizar demasiado la obediencia mientras descuidamos la predicación y la vivencia del mandato de conocer, amar y permanecer en Cristo. Toda nuestra obediencia externa es en vano si no lo amamos auténticamente. Varios predicadores parecen estar haciendo esto y están llamando a innumerables personas a adorar en el altar del yo perpetrando la falsa noción de que el único sacrificio perfecto de Cristo no fue suficiente. Esto parece resonar en los corazones de aquellos que no están verdaderamente y sin reservas rendidos a Cristo y que quieren sentirse como si estuvieran ayudando a ganar su propia salvación, lo cual es imposible. ¿Qué nos dice Romanos 4:4-5?

Entonces, mientras es absoluto que TODOS los que tienen fe salvadora en Cristo son obedientes y tienen buen fruto en sus vidas, esas buenas obras y buen fruto no son lo que los salva. No, el buen fruto simplemente da evidencia de que hay una relación. Solo Cristo puede salvar, y lo hace instantáneamente cuando un alma perdida cree en Él (Juan 6:47; Hechos 16:31; Romanos 5:1, etc.).

El Gran Pastor de Sus ovejas mantiene a Su pueblo salvado mientras se mantiene en el amor de Dios, **"esperando la misericordia de nuestro Señor Jesucristo para vida eterna"** (Judas 21: 1 Pedro 1:5).

"Consérvense en el amor de Dios, aguardando con esperanza la misericordia de nuestro Señor Jesucristo para vida eterna". Judas 1:21

La historia de Jesús, María y Marta es otro lugar en las Escrituras de la verdad que revela claramente lo que Dios está buscando de nosotros - amar y adorarle supremamente.

"Prosiguiendo ellos su camino, él entró en una aldea; y una mujer llamada Marta lo recibió en su casa. 39 Esta tenía una hermana que se llamaba María, la cual se sentó a los pies del Señor y escuchaba su palabra. 40 Pero Marta estaba preocupada con muchos quehaceres y,

acercándose, dijo:—Señor, ¿no te importa que mi hermana me haya dejado servir sola? Dile, pues, que me ayude. [41] Pero respondiendo el Señor, le dijo:—Marta, Marta, te afanas y te preocupas por muchas cosas. [42] Pero una sola cosa es necesaria. Pues María ha escogido la buena parte, la cual no le será quitada". Lucas 10:38-42

Jesús nos habla de una unión/relación permanente con Él en la que nos llama sus amigos. Quiero animarte a que leas detenidamente Juan 15 esta semana. En este discurso sobre el Labrador (el Padre), la Vid (Jesús), y los pámpanos (nosotros), notarás que la relación precede a la producción de frutos. Mientras que el fruto *revela* la raíz, como testimonio de la relación, el fruto no salva, ni tampoco la obediencia.

Dios sí requiere que le obedezcamos poniendo nuestra fe en Cristo para salvarnos. Solo Él nos salva. Efesios 2:8-10 revela que somos salvados por su gracia a través de nuestra fe y que somos **"hechura suya, creados en Cristo Jesús para buenas obras"**.

Considera que nuestro SEÑOR fue **"movido a compasión"** hacia los necesitados (Mateo 9:36). El gran apóstol dijo: **"el amor de Cristo nos constriñe** (*obliga*)" (2 Corintios 5:14).

A veces citamos 1 Juan 2:4 y sin embargo, veamos un ángulo más amplio de este pasaje:

"**En esto sabemos que nosotros lo hemos conocido: en que guardamos sus mandamientos. 4 El que dice: Yo lo conozco y no guarda sus mandamientos es mentiroso y la verdad no está en él. 5 Pero en el que guarda su palabra, en este verdaderamente el amor de Dios ha sido perfeccionado. Por esto sabemos que estamos en él. 6 El que dice que permanece en él debe andar como él anduvo**". 1 Juan 2:3-6

"**Vayan, pues, y aprendan qué significa: Misericordia quiero y no sacrificio...**" Mateo 9:13

"**Desgarren su corazón y no sus vestidos**". **Vuelvan al SEÑOR, su Dios, porque él es clemente y compasivo, lento para la ira, grande en misericordia y desiste del castigo**". Joel 2:13

¿Es más importante amar a Dios que obedecerle? Ambos son obviamente importantes y, sin embargo, en la economía divina, ¿cuál es el más importante?

"**Jesús le dijo:—Amarás al Señor tu Dios con todo tu corazón y con toda tu alma y con toda tu mente. 38 Este es el grande y el primer mandamiento. 39 Y el segundo es semejante a él:**

Amarás a tu prójimo como a ti mismo. [40] De estos dos mandamientos dependen toda la Ley y los Profetas". Mateo 22:37-40

¿Estoy eligiendo y aprendiendo a **"amar al Señor"** con todo mi corazón?

Andre Alexis escribe:

"El cristianismo es más que simplemente creer y obedecer mandatos y cosechar las promesas de Dios. El cristianismo no es una religión: es una relación. Y una relación requiere comunicación. Por lo tanto, la oración es esencial, porque es a través de la oración que tú y yo nos comunicamos con nuestro Padre celestial".

Esta es una verdad simple y, sin embargo, vale la pena afirmarla como lo hizo el hermano André más arriba. Esto es especialmente importante debido a la epidemia de charlatanes que han promulgado un estilo de vida de "lo-que-es-para -í" que sirve a millones de personas que no se molestan en poner verdaderamente sus vidas y ver con sus propios ojos el consejo completo de la Palabra de nuestro Señor que realmente comunica los mismos **"pensamientos de su corazón"** (Salmos 33:11).

El SEÑOR quiere una relación con cada uno de sus hijos. El no esta solo para responder a cada una de nuestras oraciones mientras nosotros cometemos adulterio espiritual desperdiciando nuestro tiempo/vida en este mundo fugaz jugando juegos, dando horas a tonterías frívolas, etc. No, Él quiere nuestros corazones.

Jesús nos dijo en Juan 17:3 la razón por la que el Padre lo envió. Esta fue toda la meta de David y de Pablo en sus respectivas vidas terrenales (Salmos 27:4, 8; Filipenses 3:10). Jesús nos dijo que quiere una relación duradera que dé frutos que permanezcan, para Su gloria eterna (Juan 15:1-16).

Después de ser salvado, bajo el Nuevo Pacto, no es guardar la ley sino permanecer en Cristo, ¿amén? Juan 15: **"Permaneced en mí"**.

Una relación permanente con Jesús siempre dará el fruto de la autenticidad. **"Hijitos, no amemos de palabra ni de lengua, sino de hecho y de verdad"** (1 Juan 3:18).

El amor es la prueba o fruto cardinal de que se conoce a Dios. **"En esto es glorificado mi Padre: en que lleven mucho fruto <u>y sean mis discípulos</u>"**. **Juan 15:8**

¿Conocemos realmente a Aquel que **"es amor"**? Véase 1 Juan 4:8, 16. El amor es un atributo divino que reside, sin excepción, en todo hombre que está verdaderamente en buena relación con Dios (Gálatas 5:22-23).

ORACIÓN: *Padre Celestial, vengo a Ti empobrecido en espíritu. Porque sin Ti, querido Señor, no podemos hacer nada. Tú eres el amor y yo no lo soy y sin embargo, te pido aquí y ahora que impregnes más profundamente mi hombre interior y me enseñes Tu amor. En el nombre de Jesucristo. Amén.*

Capítulo 4

Auténtica Confraternidad

"Y perseveraban en la doctrina de los apóstoles, en la comunión, en el partimiento del pan y en las oraciones. 43 Entonces caía temor sobre toda persona, pues se hacían muchos milagros y señales por medio de los apóstoles. 44 Y todos los que creían se reunían y tenían todas las cosas en común. 45 Vendían sus posesiones y bienes, y los repartían a todos, a cada uno según tenía necesidad. 46 Ellos perseveraban unánimes en el templo día tras día, y partiendo el pan casa por casa, participaban de la comida con alegría y con sencillez de corazón, 47 alabando a Dios y teniendo el favor de todo el pueblo. Y el Señor añadía diariamente a su número los que habían de ser salvos". Hechos 2:42-47

El verdadero compañerismo del Nuevo Testamento: ¡oh, tan simple, tan libre de obstáculos, tan libre de cargas!

Fíjate en Hechos 2:42, los cuatro elementos sencillos que constituían la comunión de los primeros seguidores de Jesús, en la que **"permanecían firmes"**:

43

- "la doctrina de los apóstoles"
- "comunión"
- "partir el pan"
- "oraciones"

"Ellos perseveraban unánimes en el templo día tras día, y partiendo el pan casa por casa, participaban de la comida con alegría y con sencillez de corazón". Hechos 2:46

La palabra "semanal" aparece 0 (cero) veces en la Biblia. La palabra **"diario"** aparece 63 veces en la Palabra de Dios. Note que ellos iban **"de casa en casa"**, y no había todavía edificios oficiales de la iglesia donde en la mayoría de los casos meros hombres gobiernan.

La auténtica adoración al SEÑOR es *diaria*, no semanal, y entre el pueblo de Dios está la exhortación a permanecer diariamente libre de todo pecado (Mateo 6:11) ¡para estar listos para el pronto regreso de nuestro SEÑOR! **"Más bien, exhórtense los unos a los otros cada día mientras aún se dice: "Hoy", para que ninguno de ustedes se endurezca por el engaño del pecado"** (Hebreos 3:13).

"No dejemos de congregarnos, como algunos tienen por costumbre; más bien, exhortémonos,

y con mayor razón cuando vemos que el día se acerca". Hebreos 10:25

Mantener las Cosas Súper Sencillas

Que sea bíblico, ¿no? Este es un formato de estudio bíblico para dos o más personas: A cada persona que participa en el grupo se le da individualmente un versículo o pasaje de la Biblia y estudia ese texto para examinarlo cuando se celebre la reunión. Simplemente comparten lo que están aprendiendo sobre esa porción de la Escritura y los demás intervienen. La mejor manera de APRENDER es ENSEÑAR (Hechos 2:42; Colosenses 3:16; 1 Timoteo 4:6; 2 Timoteo 3:16-17; Apocalipsis 1:3, etc.).

"Amonestarnos Mutuamente"

Jesús, **"ese Gran Pastor de las ovejas"**, da el llamado regular y perpetuo a estar **"listos"**, de ahí la instrucción de exhortar y **"amonestarnos unos a otros"**.

"... amonestarnos unos a otros". Romanos 15:14

"Porque eran como ovejas descarriadas, pero ahora han vuelto al Pastor y Obispo de su vida". 1 Pedro 2:25

Entre los primeros seguidores de Jesucristo, que continuaron firmemente en la doctrina de los apóstoles, en la comunión, en el partimiento del pan y en las oraciones, se puede comprobar que la amonestación piadosa era una parte regular de su comunión.

El compañerismo implica interactuar en relación con los miembros del cuerpo de Cristo. Tres capítulos que contienen un contenido tan rico sobre el cuerpo de Cristo serían Romanos 12, 1 Corintios 12 y Efesios 4. Que te animes a leer en oración estos hermosos capítulos de la Palabra de Dios.

Sí, nuestro SEÑOR y Salvador es el **"Pastor y Obispo"** sobre las almas de Su amado pueblo, y las amonestaciones serían un elemento de la verdadera comunión. Echemos un vistazo.

¿Qué Significa Exhortar y "Amonestar" a Alguien?

Las palabras **"exhortar"** y **"exhortación"** aparecen 20 veces en el canon del Nuevo Testamento.

*"**Exhortar** - Gk. parakaleō - llamar cerca, es decir, invitar, invocar (por imploración, exhortación o consuelo): - suplicar, llamar, (ser de buen) consuelo, desear, (dar) exhortación(ación), suplicar, orar.*

Las palabras **"amonestar"** aparece cuatro veces en las Escrituras del Nuevo Testamento. La instrucción bíblica de **"amonestar"** significa *"poner en mente, amonestar, reprender suavemente, advertir"*.

> **"La palabra de Cristo habite abundantemente en ustedes, enseñándose y <u>amonestándose los unos a los otros</u> en toda sabiduría con salmos, himnos y canciones espirituales, cantando con gracia a Dios en su corazón. ¹⁷ Y todo lo que hagan, sea de palabra o de hecho, háganlo todo en el nombre del Señor Jesús, dando gracias a Dios Padre por medio de él". Colosenses 3:16-17**

Así como la Palabra de Dios mora rica y abundantemente en medio de nosotros, las amonestaciones del SEÑOR tendrán su lugar en y entre nosotros. Amonestar y animar a otros creyentes mientras compartimos la Palabra de Dios, aprendiéndola y viviéndola, glorifica al SEÑOR. La amonestación piadosa siempre saldrá de la Palabra de Dios, en el amor y la sabiduría de Dios, a través de vasos crucificados. Siempre será la Palabra de Dios y no los caprichos egoístas de simples hombres.

"Compórtate"

Hace años, un querido hermano en Cristo que conocí solía decir a los hermanos que le rodeaban, incluido yo mismo, *"Compórtate"*. Lo hacía mientras te miraba directamente a los ojos y su tono carecía por completo de autosuficiencia, y era, en cambio, cariñoso y firme. En su exhortación se mostraba cariñoso, pero decidido, y ese tono piadoso se reflejaba en sus palabras y era casi tan importante como esas palabras de exhortación que dirigía con cariño a otros hermanos.

"Pero yo mismo estoy persuadido de ustedes, hermanos míos, que ustedes también están colmados de bondad, llenos de todo conocimiento, de tal manera que pueden <u>aconsejarse los unos a los otros</u>". Romanos 15:14

El apóstol estaba persuadido de que los hermanos de Cristo en la iglesia, el cuerpo de Cristo en Roma, Italia, estaban...

- "lleno de bondad,"

- "llenos de todo conocimiento,"

- "capaces también de <u>amonestarnos unos a otros</u>"

Observa la ausencia de orgullo personal en los hermanos de Roma. Se necesita auténtica humildad y unidad con Dios en Cristo para llenar el corazón de un hombre con su **"bondad"** (Juan 15, 17). Se necesita una

Biblia completa para hacer un discípulo completo y cuando estemos **"llenos de todo el conocimiento"** de la Palabra de Dios, seremos **"capaces también de amonestarnos unos a otros"** (Romanos 15, 14).

Adam Clarke en Romanos 15:14:

"Estaban tan llenos de bondad y amor. Llenos de todo conocimiento - Tan completamente instruidos en la mente y el designio de Dios, en relación con su llamado, y el fruto que debían producir para la gloria de Dios, que estaban bien calificados para darse mutuamente exhortaciones adecuadas sobre cada punto importante. Si todos estaban llenos de conocimiento, había poca ocasión para que se amonestaran unos a otros; pero por esto estaban bien calificados para amonestar a otros - para impartir la sabiduría que tenían a los que estaban menos instruidos".

Amado santo de Cristo, ¿te das cuenta de la bendición divina que vendrá a tu vida cuando le pidas al Padre que te quiebre y te llene de su amor? Lee 1 Corintios 13 diariamente por la mañana esta semana y memoriza Juan 13:35. **"Para que Cristo habite en sus corazones por medio de la fe de modo que, siendo arraigados y fundamentados en amor"** (Efesios 3:17).

Como siempre, entre los santos de Cristo, en unidad con Cristo y el Padre, estando crucificados con Cristo, y fortalecidos por el Espíritu Santo, el amor debe ser el motivo que nos impulsa. Debemos estar movidos por el amor de Dios, que impregna nuestro hombre interior.

"para que unidos en amor, sus corazones sean reanimados hasta lograr toda la riqueza de la plena certidumbre de entendimiento, para conocer el misterio de Dios; es decir, Cristo mismo. [3] En él están escondidos todos los tesoros de la sabiduría y del conocimiento". Colosenses 2:2-3

Al estar verdaderamente crucificados con Cristo, caminaremos en la mente de Cristo, y todas las cosas se harán en su amor para la bendición, el mejoramiento de los demás, a quienes **"estimaremos ... otros mejores que nosotros mismos"** (Filipenses 2:3-5; Juan 15, 17).

Definición del Diccionario Webster de 1828:

"AMONESTAR", v.t. L. *admoneo, ad y moneo,* enseñar, advertir, amonestar.

1. *"Advertir o notificar una falta; reprender con suavidad. No lo consideres como un enemigo, sino amonéstalo como a un hermano". 2 Tesalonicenses 3.*

2. *"Aconsejar contra las malas prácticas; advertir o aconsejar. Amonestarse mutuamente con salmos e himnos. Colosenses 3.*

3. *"Instruir o dirigir. Moisés fue amonestado por Dios cuando iba a hacer el tabernáculo. Hebreos 8.*

4. *"En asuntos eclesiásticos, reprender a un miembro de la iglesia por una falta, ya sea en público o en privado; el primer paso de la disciplina eclesiástica. Va seguido de de, o contra; como, amonestar de una falta cometida, o contra cometer una falta. Tiene un uso similar en los colegios".*

"Les rogamos, hermanos, que reconozcan a los que entre ustedes trabajan, les presiden en el Señor y les dan instrucción;" 1 Tesalonicenses 5:12

"Pero no lo tengan por enemigo sino amonéstenlo como a hermano". 2 Tesalonicenses 3:15

Otra interpretación de la palabra bíblica y la instrucción de **"amonestar"**....

"Verbo transitivo. 1a: indicar deberes u obligaciones a. b: expresar advertencia o desaprobación, especialmente de forma amable, seria o solícita

*(fueron **amonestados** por llegar tarde). 2: dar un consejo o estímulo amistoso a **amonestar** para que tengan cuidado".*

Provocarse Mutuamente al Amor y a Las Buenas Obras

"Acerquémonos con corazón sincero, en plena certidumbre de fe, purificados los corazones de mala conciencia, y lavados los cuerpos con agua pura. [23] Retengamos firme la confesión de la esperanza sin vacilación porque fiel es el que lo ha prometido. [24] Considerémonos los unos a los otros para estimularnos al amor y a las buenas obras. [25] No dejemos de congregarnos, como algunos tienen por costumbre; más bien, exhortémonos, y con mayor razón cuando vemos que el día se acerca". Hebreos 10:22-25

Que el SEÑOR nos bendiga con la amonestación para su gloria, fortalecidos por su Espíritu Santo y su amor.

Que Dios nos bendiga para que estemos arraigados en Cristo nuestro SEÑOR, siendo uno con Él y dando su fruto, el fruto que solo Él puede producir en esta relación (Juan 15, 17). ¿Nos apropiamos fácilmente de los temas divinos de Juan 17 y luego del 15? ¡Cambian la vida! ¡Obtén la visión de esta obra maestra divina y trabaja desde esta cuadrícula bíblica amada!

En Juan 17, Jesús ruega al Padre que nos haga uno con ellos, y luego en Juan 15 nuestro SEÑOR habla de esa relación permanente para la que nos salvó, ¡y el correspondiente fruto producido por Dios para su gloria! Que sea. Que sea en cada una de nuestras vidas este día y esta semana querido SEÑOR Jesús!

Al permitir que **"Jesús, el Gran Pastor de las ovejas"** guíe nuestras vidas, a través de nuestra relación diaria con la cruz, Él nos conducirá junto a las aguas tranquilas hacia pastos fructíferos que glorifiquen su santo Nombre (Juan 10; Salmos 23).

ORACIÓN: *Padre Celestial, gracias por encontrar y salvar a Tu amado pueblo por la sangre de Tu único Hijo. Te amamos querido Padre y Señor Jesucristo. Haz que seamos uno contigo y por lo tanto que demos el fruto que glorifica Tu santo Nombre. Ya no soy mío sino Tuyo, comprado por Tu preciosa sangre y ahora abandonado a Tu perfecta voluntad, conducción, guía y verdad. Por favor, permite que Tu mandato de "amonestarnos los unos a los otros" se encuentre en todo Tu cuerpo como te agrada. ¡En el nombre de Jesucristo, amén!*

Capítulo 5

Auténtica Humildad

"La soberbia va delante de la destrucción, y la altivez de espíritu antes de la caída". **Proverbios 16:18**

¿Qué precede a la **"destrucción"** y a la **"caída"**? El **"orgullo"**, ¿verdad?

El orgullo es exactamente lo que le sucedió a Saúl y lo que le sucede a tantos hoy en día. Cuando los hombres experimentan alguna medida de victoria, entonces son propensos al orgullo en vez de a la acción de gracias... no a la humildad y a la cruz.

"Entonces Samuel dijo a Saúl:—Déjame declararte lo que el SEÑOR me dijo anoche: Saúl le dijo:—Decláralo. [17] Samuel dijo:—AUNQUE ERAS INSIGNIFICANTE ANTE TUS PROPIOS OJOS, ¿no fuiste hecho cabeza de las tribus de Israel? ¿No te ha ungido el SEÑOR como rey sobre Israel?" 1 Samuel 15:16-17

Mientras servimos al SEÑOR y Él nos usa, debemos tener cuidado de nunca pensar en nosotros mismos más allá de ser bendecidos por ser los hijos de Dios, teniendo nuestros nombres escritos en Su libro de la vida (Lucas 10:20). **"Así que, el que piensa estar firme, mire que no caiga".** (1 Corintios 10:12).

Humildad Genuina vs. el Pecado del Orgullo

"Ciertamente la soberbia producirá contienda, pero con los que admiten consejo está la sabiduría". Proverbios 13:10

"Solo por el orgullo" viene la contención, viene la discordia entre el hombre y el hombre y entre Dios y el hombre. El orgullo precede a la destrucción del hombre y simplemente no puede ser permitido en nuestras vidas si pretendemos estar con Jesús ahora y para siempre. La última vez que el orgullo fue encontrado en el Cielo, ¡Dios lo expulsó violentamente!

Los que no viven la vida crucificada andan en el orgullo, llenos de soberbia-sin excepción-y serán **"destruidos"**. **"El que siendo reprendido a menudo endurece su cerviz** (*orgullo*)**, será destruido de repente, y eso sin remedio"** (Proverbios 29:1).

Sin Jesús hoy en día, sin mi permanencia en/con Él, no puedo hacer nada ni producir ningún fruto que le agrade (Juan 15:5). Permanecer en Jesús es permanecer con absoluta humildad, clamando al SEÑOR que **"Él**

debe aumentar, pero yo debo disminuir" (Juan 3:30).

La cruz revela tu pecado, y el amor de Dios, ¡no lo maravilloso que eres! ¡Arrepiéntete!

La cruz de Jesucristo no trata de lo maravillosos que somos, sino de lo malvados y pecadores que somos y de lo amoroso que es Dios al haber enviado a su Hijo unigénito a morir en la cruz del Calvario por nuestros pecados para devolvernos a Él, **"siendo aún pecadores"** (Juan 3:16; Romanos 5:6, 8). Ponte de cara a Dios y dale las gracias y la gloria por haber encontrado y salvado tu miserable alma y por su insondable, **"indecible regalo"** de Jesús. Ver 2 Corintios 9:15.

¡Armado y Peligroso!

¿Estamos armados de humildad? El que posee auténticamente la postura de un corazón puro y humilde es el que Dios va a utilizar, bendecir y llevar a la gloria eterna. **"Bienaventurados los pobres en espíritu, porque de ellos es el reino de los cielos"** (Mateo 5:3). **"Bienaventurados los de limpio corazón, porque ellos verán a Dios"** (Mateo 5:8).

Muchos americanos que creen en la Segunda Enmienda de la Constitución de los Estados Unidos están armados y preparados físicamente, pero solo unos pocos están armados y son peligrosos espiritualmente. ¿Cuál de estas posiciones **"armadas"** recompensará el SEÑOR? La respuesta es obvia. **"No luchamos contra la carne y la sangre ..."** (Efesios 6:12). ¿Estás armado con armas para la autoprotección y aún no estás armado en el Espíritu con la armadura de Dios? (Efesios 6:10-18)

La cruz de Cristo, aplicada a nuestra vida personal, vence todo pecado. Esto es clave porque el pecado da lugar a Satanás (Santiago 4:7). Que Dios nos bendiga a cada uno de nosotros, Sus hijos, para que comencemos a captar y experimentar el concepto y la obra divina de Su cruz, para que comprendamos que Jesús murió una vez para vencer todo el pecado en ese árbol en el que sangró. También nos envió a nosotros a ser crucificados **"CON"** Él para que todo el pecado sea conquistado y vencido en nuestra vida diaria (Romanos 6; Gálatas 2:20). ¡"**Ármense**"!

"Puesto que Cristo ha padecido en la carne, ármense también ustedes con la misma actitud. Porque el que ha padecido en la carne ha roto con el pecado;" 1 Pedro 4:1

Todo el infierno se desató sobre Satanás cuando Jesús resucitó de entre los muertos, y todo el infierno se desata diariamente sobre los poderes y las obras de las tinieblas cuando los santos crucificados caminan en el poder de la resurrección. Ver Romanos 8:11; 1 Corintios 2:8; 2 Corintios 4:10-12 y Colosenses 2:14-17.

¡Este es el último uso de la frase "armado y peligroso"! Cuando estamos armados, participando de esa bendita cruz, de la vida crucificada, habrá ese poder de resurrección peligroso para el diablo de Jesucristo irrumpiendo en nuestras vidas.

En respuesta a una pregunta enviada por correo electrónico, se dio la siguiente respuesta:

> *"Sí, somos salvados por gracia a través de la fe en la obra terminada de Cristo y esa es la salvación inicial. Al enseñarnos a caminar con Él, (seguir habitando y permaneciendo en Él), Cristo y sus apóstoles enseñaron la necesidad de vivir la vida crucificada, la cruz diaria (Lucas 9:23-24; Romanos 6; 2 Corintios 4:10-12; Colosenses 3:3; Gálatas 2:20, etc.)".*

Nuestra obediencia a Dios no está *ganando* nuestra salvación a partir de entonces, sino que es más bien por nuestro amor a Él, y sin embargo está nuestra carne que destruiría nuestra relación con Él que es **"Santo, santo, santo"** a menos que la cruz separara el pecado y a Satanás de nosotros (Isaías 6:3; Apocalipsis 4:8). **"El que está muerto está liberado del pecado"** y sin embargo, **"La paga del pecado es la muerte** *(separación de Dios)"* (Romanos 6:7, 23).

Nuestro caminar con el SEÑOR es una prueba de nuestro amor por Él, o la falta del mismo (Mateo 22:37-39). **"Nadie puede servir a dos señores"** (Mateo 6:24). ¿Lo amaré a Él más que a mí mismo, con el pecado contaminante y separador que el yo quiere realizar? Lee Romanos 6 y 7.

Hay dos partes de la cruz: la muerte expiatoria que solo Jesús llevó a cabo en la cruz: **"Consumado es"**, y la cruz que nos ordenó tomar diariamente al ser **"crucificados CON"** Él.

En esta segunda parte de la cruz, hemos muerto a nuestra vieja naturaleza y la hemos enterrado para que podamos participar de la naturaleza divina de Cristo, mientras Él nos eleva en Su gracia y poder hacia la victoria completa y la fecundidad en agradarle. Su poder divino, que actúa en nosotros, nos aleja de las cosas que le desagradan, que Él llama pecado (Juan 19:30; Romanos 6-8; Gálatas 2:20; 5:16-24; Filipenses 2:13; 2 Pedro 1:3-8). Que la bendita cruz, la muerte y la sepultura se conviertan en una realidad en cada una de nuestras vidas cotidianas para que Cristo nos eleve perpetuamente con su poder (Romanos 8:11; 2 Corintios 4:10-12).

El Señor que nos salvó por su gracia y su perfecto sacrificio también nos instruyó sobre cómo seguir y permanecer en Él: **"permanecer"** (Juan 15). La cruz es la prescripción divina para permanecer, para continuar en Él y soportar hasta el final para estar con Él eternamente en la gloria. Ver Lucas 9:23-24.

Poseer una Auténtica Disposición de "Menos que lo Mínimo"

"A mí, que soy menos que el menor de todos los santos, me ha sido conferida esta gracia de anunciar entre los gentiles el evangelio de las inescrutables riquezas de Cristo;" Efesios 3:8

Debemos vernos como los más indignos de la gracia salvadora de Cristo. Deberíamos decir ante nuestro Dios, con el hombre que bajó la cabeza mientras oraba y dijo: **"Dios, sé misericordioso conmigo, pecador"** (Lucas 18:13).

Dios llama a los que salva a saborear el gran amor, el perdón, la gracia y la misericordia que ha mostrado sobre nosotros **"CUANDO todavía éramos pecadores"** (Romanos 5:6-8). Esta es la disposición del verdadero discípulo. De hecho, Él nos llama a elevar y preferir a los demás por encima de nosotros mismos.

"No hagan nada por rivalidad ni por vanagloria, sino estimen humildemente a los demás como superiores a ustedes mismos; 4 no considerando

cada cual solamente los intereses propios sino considerando cada uno también los intereses de los demás. 5 Haya en ustedes esta manera de pensar que hubo también en Cristo Jesús:" Filipenses 2:3-5

El pasaje anterior es una gran manera de comenzar nuestro día, cada mañana.

Los que verdaderamente buscan y aman al Señor, aman también a todos los hombres. Habiéndolo recibido gratuitamente, desean derramar el mensaje de la misericordia salvadora de Cristo sobre los demás. Memoriza las palabras de nuestro SEÑOR registradas en Mateo 22:37-40.

"Todo aquel que cree que Jesús es el Cristo es nacido de Dios, y todo aquel que ama al que engendró ama también al que es nacido de él". 1 Juan 5:1

Los **"nacidos de Dios"** aman a todos los demás que son Suyos con un amor familiar especial del reino.

A medida que los acontecimientos del final de los tiempos se desarrollan ante nuestros ojos, el grito del corazón del discípulo sincero es ser auténtico con Dios y con los hombres. La forma de la cruz: El travesaño de la cruz va primero *hacia arriba* y luego *hacia afuera*. La vida del discípulo de Cristo debe vivirse *hacia arriba*, hacia Dios, y *hacia afuera*, hacia los demás. Amar a Dios verticalmente nos permite amar a los demás, para que su amor se derrame a través de nosotros *horizontalmente*. Cuando amamos a Dios de verdad, buscamos al Señor continuamente, y Él dispensa Su gracia y amor en nosotros y hacia fuera para amar a los demás.

> **"Jesús le dijo:—Amarás al Señor tu Dios con todo tu corazón y con toda tu alma y con toda tu mente. [38] Este es el grande y el primer mandamiento. [39] Y el segundo es semejante a él: Amarás a tu prójimo como a ti mismo. [40] De estos dos mandamientos dependen toda la Ley y los Profetas". Mateo 22:37-40**

Esta vida como "**embajadores**" de Cristo consiste en amar al Señor de forma suprema y, a partir de ahí, amar a todos los hombres, a todos los demás, por encima de nosotros mismos (2 Corintios 5:17-20; Filipenses 2:3-5).

Mundo: "Sigue tu corazón".
Jesús: "Sígueme".

Mundo: "Cree en ti mismo".
Jesús: "Cree en mí".

Mundo: "Descúbrete a ti mismo".
Jesús: "Niégate a ti mismo".

Mundo: "Sé fiel a ti mismo".
Jesús: "Sé fiel a mí".

El verdadero discípulo se ve a sí mismo como absolutamente indigno e infinitamente bendecido por haber sido encontrado y salvado por el Señor Jesucristo. Se ve a sí mismo como Pablo: **"MENOS que el más pequeño de todos los santos"** (Efesios 3:8).

> *"El mandato del Señor sobre la humildad es una poderosa verdad que parece tan pequeña para la mayoría... pero lo que Dios requiere es que nuestros corazones se vuelvan como niños pequeños, humildes ante nuestro Abba Padre. Como dijo el apóstol Pablo: 'Considero todas las cosas... como estiércol, con tal de ganar a Cristo'. Cualquier cosa y todo se queda corto para conocer a Jesucristo. Él es nuestro todo".* –Nancy Cote

El apóstol Pablo tenía su testimonio personal de haber sido salvado por la gracia de Cristo y se consideraba, no el más pequeño, sino **"MENOS que el más pequeño"** de todos los santos en Cristo. En mi opinión, esto debería ser la única cosa en la que tú y yo deberíamos estar en desacuerdo con Pablo. Pablo no nos conocía cuando dijo eso, ¿verdad? ;) ¿Entiendes el punto? Tú y yo, al ver la verdad sobre nuestra propia depravación inicua (Romanos 7), deberíamos vernos como **"MENOS que el más pequeño de todos los santos"** (Efesios 3:8). También deberíamos estar de acuerdo con la verdad divina pronunciada por el gran apóstol de Cristo y registrada a continuación:

"Yo sé que en mí —a saber, en mi carne— no mora el bien. Porque el querer el bien está en mí, pero no el hacerlo". Romanos 7:18

La desactivación de la iniquidad de la justicia propia aumenta exponencialmente cuando empezamos a aprender la doctrina bíblica de la humanidad caída, que nos mata a cada uno de nosotros en un solo golpe de la pluma divina (Génesis 6:5, 12; Jeremías 17:9; Romanos 7:18; Salmos 39:4-5).

"Los mejores hombres no son más que hombres en lo mejor". –F.B. Meyer

"Hazme saber, oh SEÑOR, mi final, y cuál sea la medida de mis días. Sepa yo cuán pasajero soy. ⁵ He aquí, has hecho que mis días sean breves; mi existencia es como nada delante de ti. De veras, solo vanidad es todo hombre en su gloria. Selah". Salmos 39:4-5

¿Cómo te Ves A Ti Mismo?

Algunos de nosotros pretenden imprudentemente estar libres de pecado. Esto parece evidente en la forma en que juzgan a los demás con dureza y sin piedad. Sin embargo, la Palabra de Dios nos advierte a cada uno de nosotros: **"Estén seguros de que su pecado los descubrirá"** (Números 32:23).

En lugar de cubrir nuestros pecados, negando que los hemos cometido, debemos caminar en transparencia con nuestro Señor y simplemente admitirlos honestamente y abandonarlos:

> **"El que encubre sus pecados no prosperará, pero el que los confiesa y los abandona alcanzará misericordia". Proverbios 28:13**

> **"Si decimos que no tenemos pecado, nos engañamos a nosotros mismos y la verdad no está en nosotros. [9] Si confesamos nuestros pecados, él es fiel y justo para perdonar nuestros pecados y limpiarnos de toda maldad. [10] Pero si decimos que no hemos pecado, lo hacemos a él mentiroso y su palabra no está en nosotros". 1 Juan 1:8-10**

Debemos ver todas las cosas desde la perspectiva de Dios, a través de los ojos de la Sagrada Escritura, para no ser engañados.

TODO pecado es conocido por Dios (Proverbios 15:3). Él conoce todos los pecados que hemos cometido. Solo porque no siempre fuimos atrapados por simples hombres, solo porque los hombres no sabían, no niega este hecho.

"Los pecados de algunos hombres se hacen patentes *(público, conocido por los hombres)*, **antes de comparecer en juicio, pero a otros los alcanzan después** *(desconocido para los hombres)".* **1 Timoteo 5:24**

Algunos pecados de los hombres son públicos mientras que otros están ocultos por ahora y sin embargo Dios los ve y los sacará todos a la luz después de la muerte. Nada está oculto a sus ojos (Proverbios 15:3; Hebreos 4:13).

Para ver a la persona más necesitada de la misericordia divina... basta con mirarse en el espejo. El pecado que más debe preocuparnos es el nuestro.

¡Misericordia! Retrocede el camión de la basura y descárgalo sobre los demás ¡COMO NOSOTROS MISMOS LO NECESITAMOS DESESPERADAMENTE DE

DIOS! ¡Él exige esta autenticidad! El infierno está lleno de hipócritas religiosos santurrones y despiadados. Jesús dice que las rameras estarán en el cielo primero que ellos!

"¿Cuál de los dos hizo la voluntad de su padre? Ellos dijeron:—El primero. Y Jesús les dijo:—De cierto les digo que los publicanos y las prostitutas entran delante de ustedes en el reino de Dios". Mateo 21:31

Un comentario sobre este pasaje dice:

"Cristo obliga a los oyentes a dar una respuesta que, en ese momento, no ven que los condenará. Poco acostumbrados a que se les critique y se les ponga a prueba, envueltos en una rectitud autocomplaciente, que por lo general no se ve alterada, no vieron la relación de la parábola con su propio caso, y respondieron sin vacilar, como cualquier persona desprejuiciada habría decidido. El primero; es decir, el hijo que primero se negó, pero después se arrepintió y fue. En verdad os digo. Jesús hace que la moraleja llegue al corazón de estos hipócritas. Los publicanos y las rameras. Especifica a estos pecadores excomulgados como ejemplos de los representados por el primer hijo. Vayan al reino de Dios delante de vosotros; προαὶγουσιν ὑμας: os

preceden. Este fue el hecho que Jesús vio y declaró, no corta toda esperanza de que los fariseos pudieran seguir, si quisieran hacerlo; solo muestra que han perdido la posición que deberían haber ocupado, y que aquellos a quienes despreciaron y desdeñaron han aceptado la salvación ofrecida y tendrán su recompensa. Debemos observar que el Señor no censura a los que en algún momento fueron desobedientes, pero que después se arrepintieron; su reprimenda recae sobre los profesantes y santurrones, que deberían haber sido líderes y guías, y que en realidad eran impíos e irreligiosos". – Comentario del Púlpito

En esta declaración y mucho más de lo que vemos en la Palabra, parece revelar que Dios nos expresa que los más viles de los pecadores, son los religiosos santurrones.

"Tan lejos como está el oriente del occidente así hizo alejar de nosotros nuestras rebeliones". Salmos 103:12

Piensa en el peor pecado que hayas cometido: Ahora, si queremos que todos nuestros pecados se alejen **"tan lejos como el oriente está del occidente"**, Dios requiere que le **"temamos"** y, por lo tanto, le obedezcamos perdonando a los demás que nos han hecho daño. Todos los que temen a Dios obedecen a Dios y muestran su misericordia y amor a los demás, tal como lo han recibido (Mateo 10:8). Las palabras que preceden al versículo anterior (Salmos 103:12), contienen la condición divina: **"tan grande es su misericordia para con los que le temen"** (Salmos 103:11). Temer a Dios es algo esencial. No dejemos de cumplir las condiciones para recibir las bendiciones de Dios.

Que el Señor nos bendiga para que nos despojemos de cualquier actitud santurrona y de las palabras de condena hacia los demás y disfrutemos de su misericordia que nunca merecimos, pero que Dios proveyó a través de la sangre de la cruz de su Hijo unigénito. Que podamos soltar para siempre la mano del juicio alrededor del cuello de los demás (Mateo 18:21-35).

Salvado por la Divina Misericordia

"Él nos salvó, no por las obras de justicia que nosotros hubiéramos hecho, sino según su misericordia; por medio del lavamiento de la regeneración y de la renovación del Espíritu Santo 6 que él derramó sobre nosotros abundantemente por medio de Jesucristo nuestro Salvador. 7 Y esto para que, justificados

por su gracia, seamos hechos herederos conforme a la esperanza de la vida eterna". Tito 3:5-7

¿Seguimos pensando que éramos dignos en nosotros mismos de ser perdonados, salvados? No. ¡Dios lo hizo por su puro amor! ¿Podemos examinar esa idea?

"Todos nosotros somos como cosa impura, y todas nuestras obras justas son como trapo de inmundicia..". Isaías 64:6

"Como está escrito: No hay justo ni aun uno:" Romanos 3:10

"Yo no soy digno de todas las misericordias y de toda la fidelidad con que has actuado para con tu siervo. Con solo mi cayado pasé este Jordán, y ahora tengo dos campamentos". Génesis 32:10

ORACIÓN: *Precioso y santo Padre, gracias por amarnos y enviar a tu Hijo unigénito a morir por nuestros pecados cuando aún estábamos en pecado. Por favor, redúceme y vence el necio e injustificado orgullo de mi corazón y de mi vida. No es por ninguna obra de justicia que yo haya hecho, sino más bien según Tu pura misericordia y amor que enviaste a Tu Hijo unigénito a morir por mí. Por favor, lava todos mis pecados de nuevo en la sangre de Jesús querido Padre. Que mi corazón esté siempre y en* todo momento agradecido por tu incomparable Hijo y por tu salvación. Te amo Padre. Te amo Jesús. En el nombre de Jesús, amén.

Capítulo 6

Mis Tonterías y Pecados

"Oh Dios, tú conoces mi insensatez; mis pecados no te son ocultos". Salmos 69:5

Al igual que el salmista, ¿no es mejor admitir cuando nos equivocamos, admitir abiertamente que no somos la perfección sin pecado, sino que estamos total y perpetuamente necesitados de la gracia de Dios?

El pecado con cualquier otro nombre sigue siendo pecado:

No es una aventura, es adulterio.

No es sexo prematrimonial, es fornicación.

No es homosexualidad, es sodomía.

No es una obsesión, es idolatría.

No es una mentira, es un engaño.

No es un aborto, es un asesinato.

¡No blanquees el pecado, arrepiéntete de él!

Dios conocía la necedad y la maldad del corazón de David y del corazón de todos los hombres (Jeremías 17:9).

"La necedad" es uno de los pecados que Jesús cita como procedentes de corazones corrompidos y es lo contrario de la adoración auténtica y honesta. ¿Alguien más se da cuenta de lo necios que pueden ser?

> **"Porque desde adentro, del corazón del hombre, salen los malos pensamientos, las inmoralidades sexuales, los robos, los homicidios, 22 los adulterios, las avaricias, las maldades, el engaño, la sensualidad, la envidia, la blasfemia, la insolencia y la insensatez. 23 Todas estas maldades salen de adentro y contaminan al hombre". Marcos 7:21-23**

David habló de **"mis pecados"**, lo que significa que asumió la responsabilidad personal de su pecado en lugar de cubrir o excusar sus pecados. El dulce salmista de Israel declaró sus pecados, los denunció y los confesó al Señor (Salmos 69:5).

Dios puede y quiere trabajar con los honestos. Él requiere la honestidad para la gloria (Proverbios 28:13; Lucas 8:15).

El SEÑOR conoce la maldad de nuestros corazones. Si elijo no estar verdaderamente **"crucificado con Cristo"** y por lo tanto morar en la maldad de cualquier tipo, Él ve todos los pensamientos que permito que ocupen mi mente que no son santos, sino pecaminosos- **"concupiscencia mala"** (Colosenses 3:5).

El ve donde el enemigo o mi propia naturaleza pecaminosa no mortificada se alimenta y permite pensamientos malvados en mi mente. ¿No has guardado alguna vez tu corazón echando abajo las imaginaciones perversas? (2 Corintios 10:5; Proverbios 4:23) ¿Puedes relacionarlo? Sin embargo, esto no debe ser (Romanos 8:5-8; 12:1-2; Efesios 4:22-24).

> **"Por lo tanto, hagan morir lo terrenal en sus miembros: inmoralidad sexual, impureza, bajas pasiones, malos deseos** *(deseo secreto de lo que está prohibido por Dios)* **y la avaricia, que es idolatría:" Colosenses 3:5**

> **"Porque la intención de la carne es muerte, pero la intención del Espíritu es vida y paz". Romanos 8:6**

Aquellos que caminan con el Señor, que es el **"Príncipe de la paz"**, caminan en pureza de corazón y son poseídos por **"la paz de Dios, que sobrepasa todo entendimiento"** (Isaías 9:6-7; Filipenses 4:7).

"Si Dios es nuestro Dios, nos dará paz en los problemas. Cuando haya una tormenta fuera, Él hará la paz dentro. El mundo puede crear problemas en la paz, pero Dios puede crear paz en los problemas". – Thomas Watson

La cruz, la pureza de corazón y la paz de Dios van de la mano. Son inseparables.

¿He mencionado Mateo 5:8? ¿Has memorizado las palabras de nuestro Señor registradas aquí? **"Bienaventurados los puros de corazón, porque ellos verán a Dios"** (Mateo 5:8).

Sin la obra actual de Cristo en nuestras vidas, los pensamientos de nuestros corazones son **"solo malos continuamente"** (Génesis 6:5).

Sería un engaño, un autoengaño de nuestra parte creer que vamos a **"ver a Dios"** - caminar con Él ahora y estar eternamente con Dios sin un corazón purificado, limpiado por la obra del SEÑOR en nuestras vidas sometidas. ¿Quién nos dijo Jesús que va a **"ver a Dios"**? **"Bienaventurados los puros de corazón, porque ellos verán a Dios"** (Mateo 5:8).

Cada día presenta la oportunidad de vencer, pero esto solo puede ocurrir cuando elegimos hacer las cosas a la manera de Dios: la cruz (Romanos 6-8; Job 9:20;

Proverbios 20:9; Gálatas 2:20). La cruz, la vida crucificada, es la respuesta divina a un corazón y una vida impuros. Aunque muchos que dicen pertenecer a Cristo creen que no tienen ninguna responsabilidad personal en su salvación, la Biblia revela lo contrario.

"De modo que, amados míos, así como han obedecido siempre —no solo cuando yo estaba presente sino mucho más ahora en mi ausencia—ocúpense en su salvación con temor y temblor; [13] porque Dios es el que produce en ustedes tanto el querer como el hacer para cumplir su buena voluntad". Filipenses 2:12-13

Dios no separa nuestro estado espiritual actual de lo que pensamos/meditamos. Da miedo, ¿no? **"Porque como piensa en su corazón, así *es* él"** (Proverbios 23:7). El conoce nuestros pensamientos y nosotros elegimos nuestros pensamientos.

Podemos ocultar nuestro verdadero estado espiritual a los hombres, pero no al Todopoderoso. Podemos sonreír y parecer que nos regocijamos y hasta ministramos en el amor del SEÑOR, y al mismo tiempo, permitir que las iniquidades hagan un nido en nuestros corazones y mentes. La gran pregunta es: ¿Qué estoy entreteniendo en el teatro de mi mente y corazón? ¿Y estoy necesitando un verdadero arrepentimiento y un tiempo de ayuno y oración para la limpieza? Véase Joel 2:12.

"Si en mi corazón yo hubiera <u>consentido</u> la iniquidad el Señor no me habría escuchado" (Salmos 66:18). La palabra hebrea para "consentido" es raah, y su definición como se usa aquí, es: *"aprobar actualmente, considerar, disfrutar, experimentar, contemplar en el corazón"*.

No soy una buena persona. Tampoco lo eres tú. **"No hay justo, ni siquiera uno"** (Romanos 3:10). Admítelo. La Biblia y nuestra propia experiencia fallida en esta vida revelan claramente que así es. Cuanto antes seamos HONESTOS con lo que es más que obvio, anunciando libre y transparentemente que no hay **"nada bueno"** en nosotros, excepto CRISTO, ¡más pronto comenzará Dios una obra fresca y más profunda en nosotros! ¡Ver Romanos 7:18, 24-la cruz!

"Yo sé que en mí —a saber, en mi carne— <u>no mora el bien</u>. Porque el querer el bien está en mí, pero no el hacerlo". Romanos 7:18

Hasta que no te des cuenta de la profundidad de tu depravación, no vas a realizar o entender el propósito de la cruz que Jesús ordenó para tu vida diaria (Lucas 9:23-24). Él desea estar en el centro de tu vida diaria y eso requiere que te quites del camino. La cruz nos crucifica y nos quita de su camino.

Sin embargo, en lugar de asumir la responsabilidad personal de estar crucificado con Cristo, la naturaleza maligna quiere ser puntillosa y entrometida en los pecados de los demás. Según el Hijo de Dios, la definición de un **"hipócrita"** es aquel que se pone a juzgar a otros mientras él mismo tiene pecados en su propia vida que no ha tratado con arrepentimiento ante un Dios santo (Mateo 7:1-5). Tal hombre está amontonando el juicio sin diluir **"sobre su propia paté** (*cabeza*)" (Salmos 7:16).

> **"Porque habrá juicio sin misericordia contra aquel que no hace misericordia. ¡La misericordia se gloría triunfante sobre el juicio!" Santiago 2:13**

Si has confesado y abandonado tus pecados pasados, ¡no te descalifican para servir a Dios y predicar el Evangelio de Cristo! No, ... ¡predica! Ver Filipenses 3:13-14; 1 Juan 1:9.

La Reincidencia Comienza en el Corazón

"El descarriado de corazón se hartará de sus caminos, pero el hombre de bien estará satisfecho con el suyo". Proverbios 14:14

El **"reincidente de corazón"** es uno cuyos afectos de corazón no están actualmente fijados en el SEÑOR y Su reino. Normalmente, el reincidente no sabe que está reincidiendo. Él ha permitido que su corazón se desvíe al no tomar sus pensamientos cautivos y se ha engañado por ello. Los **"afanes de este siglo, y el engaño de las riquezas, y los deseos de otras cosas"** han entrado para **"ahogar la palabra"** porque no ha labrado (cultivado) la tierra de su corazón a través de la comunión regular con el Salvador junto con la obediencia a Él en la negación de la vida propia (Juan 3:30; Lucas 9:23-26).

Observa en Proverbios 14:14 que la reincidencia es un asunto del corazón. **"El descarriado de corazón se hartará de sus caminos, pero el hombre de bien estará satisfecho con el suyo"** (Proverbios 14:14).

Una persona puede ser perfecta en su lectura de la Biblia, orar y asistir a los servicios de la iglesia, hacer muchas obras maravillosas, y aún así estar en un estado de reincidencia. El Señor lo ve todo porque **"el Señor mira el corazón"** (1 Samuel 16:7). **"Porque como piensa en su corazón, así es él..."** (Proverbios 23:7).

Esta revelación -que Dios ve el motivo mismo de nuestro hombre interior- debería impulsarnos a buscarlo con un nuevo arrepentimiento y diligencia para guardar nuestros corazones. **"Guarda tu corazón**

con toda diligencia, porque de él salen los asuntos de la vida" (Proverbios 4:23).

Si no tomamos el control de nuestros pensamientos, nuestros pensamientos tomarán el control de nosotros y nos llevarán a la ruina eterna. Un corazón puro es un requisito para la vida eterna en el Cielo: **"Bienaventurados los puros de corazón, porque ellos verán a Dios"** (Mateo 5:8).

¿Quiénes van a **"ver a Dios"**? Los **"puros de corazón"**.

"Dios quiere nuestro corazón. Nuestras motivaciones para las cosas que hacemos, significan mucho. Debemos someter nuestra voluntad a la voluntad de Dios y estar en una relación de corazón con Dios. Las acciones importan, pero también las motivaciones para nuestras acciones importan, pero también las motivaciones para nuestras acciones". –Shirley Bruso

Ver Filipenses 4:8 y 1 Pedro 1:13 para la prescripción divina de la vida del pensamiento.

"En cuanto a lo demás, hermanos, todo lo que es verdadero, todo lo honorable, todo lo justo, todo lo puro, todo lo amable, todo lo que es de buen nombre, si hay virtud alguna, si hay algo que

merece alabanza, en esto piensen". **Filipenses 4:8**

Recuerda cómo el SEÑOR nos advirtió que en el Día del Juicio, habría aquellos que lo llamaran **"Señor, Señor"** y entonces dirán cosas como **"¿no hemos profetizado en tu nombre? y en tu nombre hemos echado fuera demonios? y en tu nombre hemos hecho muchas obras maravillosas?"** Y sin embargo, escucharán las horribles palabras de terminación a su destino brutalmente eterno:

"Entonces yo les declararé: 'Nunca les he conocido. ¡Apártense de mí, obradores de maldad! *(la anarquía del corazón)"*. **Mateo 7:23**

¡Que Dios se apiade de mí/nosotros!

"Así que, no les teman. Porque no hay nada encubierto que no será revelado ni oculto que no será conocido". Mateo 10:26

Dios no separa lo que somos a sus ojos de lo que pensamos. Este es un tema crítico para el SEÑOR.

Aquí hay más de Su verdad que revela que el SEÑOR nos ve de acuerdo a lo que entretenemos en nuestros corazones: **"Porque como piensa en su corazón, así es él..."**. (Proverbios 23:7).

Nótese que "**como <u>piensa</u>, así es él...**". ¡Guao!

"**El SEÑOR vio que la maldad del hombre era mucha en la tierra, y que toda tendencia de los pensamientos de su corazón era de continuo solo al mal**". Génesis 6:5

¿Lo has entendido? "**Dios VIÓ la MALDAD... que toda imaginación de los pensamientos de su corazón..**". Aquí el Señor nos define que la "**maldad**" se basa en "**los pensamientos del corazón**". Entonces, vemos que uno no debe separar lo que escoge para meditar en su corazón, de lo que Dios ve y determina que es su estado. El es carnal/malvado, o espiritual (como Cristo).

¿Soy "**de mente carnal**" o "**de mente espiritual**"? Eso determina si estoy viviendo en un estado espiritual de "**muerte**" o "**vida**". "**Porque el tener una mentalidad carnal es muerte; pero el tener una mentalidad espiritual es vida y paz**" (Romanos 8:6).

Al final realizaremos las cosas a las que damos lugar en nuestra mente según Santiago 1:13-15. Lo que se debe comprender es que aunque eventualmente realizaremos las cosas que pensamos, no se necesita el acto físico para ofender al único Dios verdadero (Santiago 1:14-15; Mateo 5:28). Nota en el verso anterior, que ser "**de mente carnal**" es "**muerte**" (separación de la comunión con Dios). Nótese la palabra **"mente"** y la importancia de esta verdad-no dice nada del desempeño físico (el acto de pecado/transgresión).

> **"Esto digo e insisto en el Señor: que no se conduzcan más como se conducen los gentiles, en la vanidad de sus mentes, [18] teniendo el entendimiento entenebrecido, alejados de la vida de Dios por la ignorancia que hay en ellos, debido a la dureza de su corazón. [19] Una vez perdida toda sensibilidad, se entregaron a la sensualidad para cometer ávidamente toda clase de impurezas. [20] Pero ustedes no han aprendido así a Cristo, [21] si en verdad le han oído y han sido enseñados en él, así como la verdad está en Jesús. [22] Con respecto a su antigua manera de vivir, despójense del viejo hombre que está viciado por los deseos engañosos; [23] pero renuévense en el espíritu de su mente [24] y vístanse del nuevo hombre que ha sido creado a semejanza de Dios en justicia y santidad de verdad". Efesios 4:17-24**

Si no elijo diariamente caminar por el camino de la cruz (negar los deseos egoístas) en el Espíritu (la voluntad de Dios; ver Romanos 8:1-14), entonces mi corazón volverá a ser tipo, lo cual se revela en muchos lugares de la Escritura como un estado de maldad ante el SEÑOR que es santo. Nuevamente, aquí hay solo un ejemplo:

"El SEÑOR vio que la maldad del hombre era mucha en la tierra, y que toda tendencia de los pensamientos de su corazón era de continuo solo al mal". Génesis 6:5

La defensa de la iniquidad de la justicia propia aumenta exponencialmente cuando empezamos a aprender la doctrina bíblica de la humanidad caída y lo desesperados y malvados que somos fuera de Cristo (Génesis 6:5, 12; Isaías 64:6; Jeremías 17:9; Romanos 7:18, 24; Salmos 39:4-5; Tito 3:5-7).

Primero debemos darnos cuenta de que nuestros corazones, sin la influencia divina de la gracia de Dios, son inicuos, **"engañosos sobre todas las cosas, y desesperadamente perversos"** (Jeremías 17:9). Luego, debemos darnos cuenta de que este estado del corazón está condenado por el Todopoderoso (Romanos 8:5-8). ¿A dónde apuntan los ojos de Dios, mirando? **"El Señor mira el corazón"** (1 Samuel 16:7). ¿Puede Dios mirar un corazón perverso y complacerse? **"Eres de ojos más puros que para contemplar el mal, y no puedes mirar la iniquidad.."**. (Habacuc 1:13).

No podemos vivir en un estado de corazón malvado y estar en comunión con Dios, que es santo. No podemos ser rencorosos, implacables, lujuriosos, o vivir en el odio, la inmundicia, la embriaguez, etc., y esperar mantener la comunión con Aquel que es santo por naturaleza, la santidad personificada (el más santo de todos - nadie más es como Él en su santo estado de existencia).

Ya que **"Jehová mira el corazón"** y lo ve todo (1 Samuel 16:7), no hay manera de engañarlo, aun cuando nos veamos bien por fuera a los ojos de los hombres.

> **"¿Acaso soy yo Dios de cerca, y no Dios de lejos?, dice el SEÑOR. 24 ¿Acaso podrá alguien ocultarse en escondrijos para que yo no lo vea?, dice el SEÑOR. ¿Acaso no lleno yo el cielo y la tierra?, dice el SEÑOR". Jeremías 23:23-24**

> **"Los ojos del SEÑOR están en todo lugar, mirando a los malos y a los buenos". Proverbios 15:3**

> **"No se engañen; Dios no puede ser burlado. Todo lo que el hombre siembra, eso mismo cosechará". Gálatas 6:7**

> **"No existe cosa creada que no sea manifiesta en su presencia. Más bien, todas están desnudas y**

expuestas ante los ojos de aquel a quien tenemos que dar cuenta". Hebreos 4:13

Este discípulo debe volverse transparente en mi corazón hacia Dios comprendiendo que Él lo ve todo. Todos los que no lo hagan se enfrentarán a consecuencias severas y eternas en ese Día final. Dios no permitirá que permanezca en Su reino ninguna persona que siga permitiendo que lo que Él condena impregne su mente (Salmos 101:4,7; Apocalipsis 21:27, etc.).

Lo que pensamos es un asunto serio con el Altísimo. **"Porque como piensa en su corazón, así es él"** (Proverbios 23:7).

Meditar en lo que el Señor condena, es pecado, y Jesús vino y murió y **"condenó el pecado en la carne"** (Romanos 8:3; Mateo 5:28). Ver Colosenses 3.

Hoy debemos decidirnos a ser honestos. Dios está observando cada pensamiento y obra que permitimos y realizamos, y nos juzgará en consecuencia (2 Corintios 5:10; Hebreos 4:12-13). Oh, Señor, ayúdanos. Ten piedad de nosotros.

ORACIÓN: *Nuestro querido Padre celestial, vengo a ti en el nombre de Jesús, de nuevo. Por favor, escudriña mi corazón y revela lo que no te agrada. Concede a este corazón el don del arrepentimiento y de ser un corazón de carne, puro, flexible, honesto, enseñable, humilde y listo para ser corregido, cambiado y transformado. En el nombre de Jesucristo, Amén.*

Capítulo 7

Buscar a Dios con Autenticidad por la Mañana

"Prepárate para la mañana, sube de mañana al monte Sinaí y preséntate allí delante de mí sobre la cumbre del monte". Éxodo 34:2

En un momento más sobre los encuentros matutinos de Moisés con el Señor.

Estamos comprometidos en una guerra por nuestras propias almas y las de los demás, y el campo de batalla donde todo comienza es en nuestros propios corazones, nuestras propias vidas. Ese es el terreno que el SEÑOR requiere que conquistemos primero, y sobre todo. Cuando era miembro de los Marines de los Estados Unidos, nuestros días comenzaban súper temprano y sin falta, eran súper productivos. Es muy parecido ser un miembro del cuerpo de Cristo, en que los que no se despiertan balanceándose, van a ser noqueados. Van a salir perdiendo. Tenemos que asumir esta realidad, que nosotros, como hijos de Dios, estamos en una lucha, una guerra, nos guste o no. Una guerra se está librando por tu vida, por tu alma eterna.

Y estás perdiendo si no eliges comenzar tus días buscando diligentemente al SEÑOR.

El reino de Dios es un reino de conflicto- **"Y desde los días de Juan el Bautista hasta ahora el reino de los cielos sufre violencia, y los violentos lo toman por la fuerza"** (Mateo 11:12).

Debemos amar y honrar a nuestro Dios **"primero"**. Buscar al SEÑOR **"primero"** denota prioridad- poniéndolo a Él **"primero"** y no a nosotros mismos. A medida que honramos al SEÑOR, habrá una guía para buscar Su santo rostro a primera hora cada mañana. Cuando tal es el caso, la perfecta voluntad de Dios impregnará nuestras vidas. Esa es la promesa de nuestro Señor Jesús.

"Más bien, busquen <u>primeramente</u> el reino de Dios y su justicia, y todas estas cosas les serán añadidas". Mateo 6:33

Poner a Jesús primero es literal. Si no hemos establecido en nuestro corazón, en nuestra vida, el pasar tiempo con Dios diariamente (preferiblemente primero), estamos reincidiendo, preparándonos para el fracaso, haciendo las cosas a nuestra manera en vez de a la de Dios, y en total necesidad de arrepentimiento.

Hoy es el día para volver a Jesús como el **"primer amor"** de tu vida. Ver Apocalipsis 2:4-5.

"No puedo hacer ningún bien a los que vienen a buscarme si he olvidado mi tiempo a solas con Dios por la mañana temprano". –Robert Murray McCheyne

"En el pasado usaba la excusa de que no estaba lo suficientemente despierto para leer. Como resultado, tenía mucho menos tiempo con el Señor en Su Palabra. Es mejor hacerlo primero. Tomo café cada mañana con Jesús y Su Palabra". –Meme A.

El día del discípulo comienza hablando con Dios en la oración, la alabanza y la acción de gracias, y permitiendo que Él nos hable estudiando su Palabra. Un día de calidad con Jesús comienza con la comunión con Él, a primera hora de la mañana.

"Los hombres que más han hecho por Dios en este mundo han sido los primeros en arrodillarse". –E.M. Bounds

Cuando Dios es realmente lo primero en tu vida, se demuestra en que te levantas cada mañana para buscar su santo rostro, para hacer Sus santas órdenes, para ser guiado por Su Santa Palabra y Espíritu (Salmos 5:3; 63:1; Marcos 1:35).

El SEÑOR instruyó a su siervo Moisés a "**estar listo por la mañana, y subir por la mañana**... y **presentarte**" (Éxodo 34:2).

¿Estás "**preparado por la mañana**"? ¿Te presentas ante el Señor por la mañana? ¿Es Él tu primera prioridad cuando te despiertas? Dios instruyó a Moisés:

> "**Prepárate para <u>la mañana, sube de mañana</u> al monte Sinaí y preséntate allí delante de mí sobre la cumbre del monte. ³ No suba nadie contigo ni nadie sea visto en todo el monte. No pasten ovejas ni bueyes frente a ese monte**". **Éxodo 34:2-3**

Nuestros encuentros con Dios deben ser privados (Éxodo 34:2; Mateo 6:6; Marcos 1:35). Él desea reunirse con Él en privado. Para enfatizar aún más este punto, el SEÑOR le dice a Moisés que ni siquiera los animales deben estar en los alrededores.

Aquellos que eligen estar "**listos por la mañana**" para encontrarse con Dios, estarán listos cuando Jesús regrese de repente. Porque realmente están poniendo los afectos de su corazón en el Rey del Cielo en lugar de este mundo (Colosenses 3:1-4).

"Estén ceñidos sus lomos y encendidas sus lámparas. [36] Y sean ustedes semejantes a los siervos que esperan a su señor cuando ha de volver de las bodas para que le abran al instante en que llegue y llame. [37] Bienaventurados aquellos siervos a quienes el señor les encuentre velando cuando llegue. De cierto les digo que se ceñirá y hará que se sienten a la mesa y, viniendo, les servirá. [38] Aunque venga a medianoche, y aunque venga a la madrugada, si los halla así, ¡bienaventurados aquellos siervos! [39] »Sepan que si el dueño de casa hubiera sabido a qué hora habría de venir el ladrón no habría permitido que forzara la entrada a su casa. [40] Ustedes también estén preparados, porque a la hora que no piensen vendrá el Hijo del Hombre". Lucas 12:35-40**

¿Crees que lo conoces de verdad? La persona que no tiene una comunión de oración diaria con el SEÑOR no tiene aceite en su lámpara/vaso y por lo tanto no está preparada para encontrarse con Cristo, el Esposo celestial. Lee la parábola de advertencia de Jesús sobre las diez vírgenes en Mateo 25:1-13.

Satanás es derrotado ya que no solo estamos *posicionalmente* sino también *prácticamente* muertos, enterrados y **"escondidos con Cristo en Dios"** (Romanos 6; Colosenses 3:3).

No hay tal cosa en la historia como un hombre o mujer de Dios poderosamente usado que no fue entregado a nuestro SEÑOR en una vida de oración.

> *"Ora a menudo, porque la oración es un escudo para el alma, un sacrificio para Dios y un azote para Satanás".* –Juan Bunyan

> *"Quien huye de Dios por la mañana, difícilmente lo encontrará el resto del día".* –Juan Bunyan

> *"El lugar secreto de la oración es el lugar para librar nuestras batallas y obtener nuestras victorias".* –R.A. Torrey, *Cómo Orar,* p. 88

Moisés estuvo a solas con Dios. Jesús hizo y enseñó lo mismo: **"Y por la mañana, levantándose mucho antes del día, salió** (*Jesús*) **y se fue a un lugar solitario** (*deshabitado; no había nadie más allí*), **y allí oró"** (Marcos 1:35).

Nótese que cuando el SEÑOR llamó a Moisés para que se reuniera con él por la mañana, le dijo que quería un tiempo personal con él: **"nadie subirá contigo"** (Éxodo 34:3).

La oración es la fe salvadora en acción: la obediencia de entablar una relación personal perpetua e íntima con el salvador. **"Y esta es la vida eterna: que te conozcan a ti, único Dios verdadero, y a Jesucristo, a quien has enviado"** (Juan 17:3). En la economía divina y en la vida personal de todo auténtico discípulo, el conocimiento del Señor y la vida de oración son realidades inseparables.

¿No es esta oración privada exactamente lo que el mismo SEÑOR Jesús nos enseñó al instruir a sus discípulos de la época del Nuevo Testamento sobre el importante asunto de la comunión en la oración? Escuchemos a nuestro Salvador:

> **"Pero tú, cuando ores, entra en tu habitación, cierra la puerta y ora a tu Padre que está en secreto; y tu Padre que ve en secreto te recompensará". Mateo 6:6**

Como Éxodo 34 continúa, notaremos aquí abajo que Moisés subió como una pizarra vacía, si se quiere. Se reunió con Dios sin ninguna agenda personal. Tal vez esto se refiera a la bendita humildad en el siervo de Cristo, Moisés, y por lo tanto a su apertura para aprender del SEÑOR. Moisés era auténticamente humilde y por lo tanto enseñable. Subió por la mañana para reunirse con el SEÑOR con un corazón flexible y sin nociones preconcebidas o doctrinas.

"Moisés labró dos tablas de piedra como las primeras. Y levantándose muy de mañana subió al monte Sinaí, como le mandó el SEÑOR, y llevó en sus manos las dos tablas de piedra. 5 Entonces descendió el SEÑOR en la nube, y se presentó allí a Moisés; y este invocó el nombre del SEÑOR".
Éxodo 34:4-5

Como Moisés, ¿permitimos que el SEÑOR sea el Escritor de la constitución bendecida en nuestros corazones? Cuando venimos ante Cristo con un corazón abierto, Él escribe Sus Preceptos en nuestros corazones, llenándonos con Su Espíritu. Hablando específicamente de Moisés, el apóstol Pablo escribe:

"Pero cuando (el corazón de una persona) **se conviertan al Señor, el velo será quitado. 17 Porque el Señor es el Espíritu; y donde está el Espíritu del Señor, allí hay libertad. 18 Por tanto, todos nosotros, mirando a cara descubierta como en un espejo la gloria del Señor, somos transformados de gloria en gloria**

en la misma imagen, como por el Espíritu del Señor". 2 Corintios 3:16-18

Después de reunirse con el SEÑOR, Moisés salió de esa comunión consumido por la Palabra y el Espíritu Santo. Mira esto:

> "Aconteció que al descender Moisés del monte Sinaí con las dos tablas del testimonio en su mano, mientras descendía del monte, Moisés no sabía que la piel de su cara resplandecía por haber estado hablando con Dios. 30 Aarón y todos los hijos de Israel miraron a Moisés, y he aquí que la piel de su cara era resplandeciente, y temieron acercarse a él". Éxodo 34:29-30

Así como Moisés experimentó, al encontrarse con Él, el semblante del pueblo de Dios hoy, se iluminará - ¡brillará para que el mundo vea y tome nota de la salvación de nuestro Dios!

> "Así alumbre la luz de ustedes delante de los hombres, de modo que vean sus buenas obras y glorifiquen a su Padre que está en los cielos". Mateo 5:16

No podemos guiar a otros donde no estamos dispuestos a ir nosotros mismos. Moisés se levantó por la mañana para encontrarse con Dios. Pasó un buen rato con el

Señor. Buscó a Dios en privado y ahora estaba siendo usado por el SEÑOR en público. Ahora está **"escondido con Cristo en Dios"** (Colosenses 3:3) y siendo usado por el SEÑOR para ayudar a otros como nuestro SEÑOR desea hacer en nuestras vidas.

"Moisés hizo reunir a toda la congregación de los hijos de Israel y les dijo: "Estas son las cosas que el SEÑOR ha mandado que hagan". Éxodo 35:1

Amado, nunca más te despiertes y hagas nada que no sea buscar a Dios en tus primeros momentos. Así es exactamente como caminaba Jesús (Marcos 1:35). Para la mayoría de nosotros, sería un autoengaño decir que leer la Biblia por la noche -como la última cosa que haces- va a hacer que crezcas en Cristo, o incluso que lo hagas (Salmos 5:3). ¿Sería eso el equivalente a poner a Dios en el *último lugar* en lugar de en el *primero*?

Nuestras Mañanas

Durante una temporada de ministerio en mi vida, cuando 140 hombres habían sido ministrados a fondo e individualmente y se habían arrepentido y recibido a Jesús, sin excepción, después de que cada hombre entregaba su vida a Jesús, el discipulado comenzaba inmediatamente. Deliberadamente y con profunda convicción, los miraba directamente a los ojos y con amor y firmeza les decía:

"Tu día solo empieza bien cuando comienza a los pies de Jesús. Hagas lo que hagas, lee la Palabra de Dios diariamente. Desde este día en adelante, nunca comiences tu día sin leer, estudiar la palabra de Dios y pasar tiempo con Él en oración. Es más importante que respirar y comer. Nunca comiences tu día, todos y cada uno de los días desde ahora hasta la eternidad, sin Jesús, sin pasar tiempo en Su Palabra y en oración".

Comenzar el día con Jesús -en Su Palabra y en la oración- asegura estar diariamente cargado de bendiciones divinas.

"¡Bendito sea el Señor! Día tras día lleva nuestras cargas el Dios de nuestra salvación. Selah". Salmos 68:19

¿Te está llamando Jesús a **"estar preparado por la mañana, y subir por la mañana"**? Véase Éxodo 34:2-3. ¿Te está pidiendo el Salvador que **"vengas a cenar"**?

"Jesús les dijo: —<u>Vengan, coman</u>. Ninguno de los discípulos osaba preguntarle: "Tú, ¿quién eres?", <u>pues sabían que era el Señor</u>" Juan 21:12

99

Aquí vemos a Cristo haciendo señas a sus discípulos para que **"vengan a cenar"** con Él. ¡Era Jesús! ¡Los estaba llamando a sentarse y cenar con Él! ¡Trago! Amados de Dios, cuando ustedes son impulsados en su corazón a **"subir en la mañana"** para encontrarse con el SEÑOR, pueden estar seguros que no es la carne y no es Satanás, sino el glorioso Esposo del Cielo llamándolos a **"venir y cenar"** con Él. Y podemos saber que va a ser glorioso cuando escuchamos, cuando venimos a Él como Él nos incita.

Amados, ¿cómo podremos repartir si primero no cenamos? ¿Cómo vamos a alimentar si primero no tenemos comunión con Jesús? ¿Nos está llamando a responder a su llamado para profundizar y priorizar la comunión con Él?

"Una cosa he pedido al SEÑOR; esta buscaré: que more yo en la casa del SEÑOR todos los días de mi vida, para contemplar la hermosura del SEÑOR y para inquirir en su templo". Salmos 27:4

"Mi corazón ha dicho: "Busquen su rostro". ¡Tu rostro buscaré, oh SEÑOR!" Salmos 27:8

Recientemente, una señora me reprendió por predicar que los discípulos de Cristo debían buscar su rostro por la mañana, poniéndolo en primer lugar. Ella dijo que esto estaba americanizado. Sin embargo, Jesús no era americano, y tampoco lo era Moisés o el salmista. Esto no tiene nada que ver con la parte del globo de Dios en la que alguien vive, ni con la época, sino con que adoren y miren a Aquel que hizo todas las cosas y que es nuestra única salvación, según Su Palabra.

En este mensaje estamos viendo lo que Jesús y Moisés dijeron e hicieron acerca de la oración matutina, y está claro que era su costumbre buscar al SEÑOR temprano en la mañana-ellos lo pusieron a Él primero:

"Habiéndose <u>levantado muy de madrugada, todavía de noche, Jesús</u> salió y se fue a un lugar desierto y allí oraba". Marcos 1:35

¿Cómo comenzó Jesús Sus días? Nuestro Señor se levantó **"mucho antes del día"** y buscó a su Padre. ¿Seguimos a Jesús comenzando nuestro día, cada día, ante sus santos pies, buscando su hermoso rostro? Si lo hacemos, comenzaremos nuestros días con Él (Marcos 1:35; 1 Juan 2:6). **"El que dice que permanece en él, debe también andar así, como él anduvo"** (1 Juan 2:6).

El salmista está de acuerdo: **"Oh SEÑOR, <u>de mañana</u> oirás mi voz; de mañana me presentaré ante ti y esperaré"** (Salmos 5:3).

Tenemos una prueba clara de que el Señor despertó a su siervo Isaías por las mañanas. Isaías escribió: **"El Señor DIOS ... despierta por la mañana, despierta mi oído para oír como los doctos"** (Isaías 50:4).

El salmista escribió:

> **"¡Oh Dios, tú eres mi Dios! Con diligencia te he buscado; mi alma tiene sed de ti. Mi cuerpo te anhela en tierra árida y sedienta, carente de agua;" Salmos 63:1**

¿Sabías que **"mañana"** aparece 227 veces en la Biblia del Rey Santiago?

> *"A menos que en el primer momento del día aprendas a abrir la puerta de par en par y dejar que Dios entre, trabajarás en un nivel equivocado todo el día; pero abre la puerta de par en par y ora a tu Padre en secreto, y cada cosa pública será sellada con la presencia de Dios".* –Oswald Chambers

Mark Herridge Sr. escribe: *"Dale a un hombre una oración y puede tener la victoria hoy. Enseña a un* hombre a orar y puede tener la victoria para toda la vida".

La hermana Debbie Lord comparte:

"Qué momentos tan benditos son aquellos en la mañana cuando nos inclinamos ante el SEÑOR Dios Todopoderoso, magnificándolo -su **'santificado'** nombre-, santo, sin mancha, prístino, a la vez maravilloso y terrible en su poder y juicio, fiel en su misericordia y amor. El Señor Dios es más puro y verdadero que cualquier otra cosa o ser en toda la creación. No hay ninguno como Él. Nadie puede siquiera comenzar a igualarlo en toda su majestuosidad".

ORACIÓN: *Padre Celestial, vengo a Ti en el nombre de Jesús. Por favor cautiva mi corazón con Tu santo temor, para apresurar mi vida a Tus santos pies. Ancla mi vida en Tu dulce comunión. Por favor enséñame a orar. Enseña a mi corazón a buscar Tu santo rostro. Deja que mis días comiencen contigo, para estar lleno de Ti, oh Dios. Te amo Jesús. Amén.*

Capítulo 8

Dominando al Diablo

"A Jesús conozco, y sé quién es Pablo; pero ustedes, ¿quiénes son?" Hechos 19:15

¿Quién eres tú? ¿Te conoce Satanás? ¿Tiembla el infierno cuando te despiertas por la mañana? Solo lo auténtico puede dominar al Diablo.

No Se Puede Engañar a Satanás

"Dios hacía milagros extraordinarios por medio de las manos de Pablo; 12 de tal manera que hasta llevaban pañuelos o delantales que habían tocado su cuerpo para ponerlos sobre los enfermos, y las enfermedades se iban de ellos, y los espíritus malos salían de ellos. 13 Pero también algunos de los judíos, exorcistas ambulantes, se pusieron a invocar el nombre del Señor Jesús sobre los que tenían espíritus malos, diciendo: —¡Les conjuro por el Jesús que Pablo predica! 14 Eran siete hijos de un tal Esceva, un judío, principal de los sacerdotes, los que hacían esto. 15 Pero el espíritu malo respondió y les dijo:—A Jesús conozco, y sé quién es Pablo; pero ustedes, ¿quiénes son? 16 Y el hombre en quien estaba el espíritu malo se lanzó sobre ellos, los dominó a todos y prevaleció contra ellos, de tal manera que huyeron desnudos y heridos de aquella casa". Hechos 19:11-16

No Se Puede Engañar al SEÑOR

"No se engañen; Dios no puede ser burlado. Todo lo que el hombre siembra, eso mismo cosechará. ⁸ Porque el que siembra para su carne, de la carne cosechará corrupción; pero el que siembra para el Espíritu, del Espíritu cosechará vida eterna". Gálatas 6:7-8

El Señor y su archienemigo saben exactamente quién es auténtico y quién es falso (Hechos 19:11-20).

¿Estás listo para la liberación, para la victoria total y completa que solo Cristo murió para darte?

¡Cómo Sacar al Diablo de Tu Vida!

¿No es Jesús la respuesta? Sí, lo es. Démosle al mundo que nos rodea esa respuesta al dilema principal del hombre: ¡el pecado! ¡Jesús es la única solución!

Puedes tratar de cambiar tu vida cambiando tu forma de pensar para siempre y nunca serás liberado. Una vida cambiada requiere la gracia de Dios a través de

Cristo y el verdadero arrepentimiento, la obediencia (Romanos 12:1-2).

¿Qué es lo Primero?

"Así que, hermanos, les ruego por las misericordias de Dios que <u>presenten sus cuerpos como sacrificio vivo, santo y agradable a Dios</u> *(arrepentimiento absoluto)*, que es el culto racional de ustedes. [2] No se conformen a este mundo; más bien, transfórmense por la renovación de su entendimiento de modo que comprueben cuál sea la voluntad de Dios, buena, agradable y perfecta". Romanos 12:1-2

Estamos siendo **"conformados"** a Cristo, no a este mundo.

El SEÑOR está en una misión divina para matarnos- para conformarnos a la imagen del Hijo de Dios, y Él está orquestando todas las cosas que permite en nuestras vidas para este mismo, exacto, principal fin y propósito (Romanos 8:12-14, 28-29).

Marlene Austin señala:

"Hace unos años le dije al Señor: 'Señor, me estás matando'. Él habló en mi espíritu, 'Exactamente- matando la carne para que yo pueda brillar'. Lloré

entonces, y lloro ahora, recordando el gran amor que se apoderó de mi alma. Oh, cómo amo a Jesús".

Nuestros corazones deben ser cambiados y solo Dios mismo puede hacerlo. Él desea y hará ese cambio completo en aquellos que verdaderamente se arrepienten, entregan su vida, buscan su rostro y siguen a Jesús.

"El amor es el único limitador verdadero de nuestra naturaleza pecaminosa y este amor fluye de Cristo mismo en y a través de nosotros. Cuando entendemos esto, debemos saber que nadie puede superar una naturaleza pecaminosa a través de la fuerza de voluntad y el esfuerzo propio, sino solo a través de Cristo viviendo a través de nosotros". –Mateo Washington

¡Jesús Nos Informó de que Tenemos un Enemigo!

¿Te sientes identificado? A menudo, el Espíritu Santo me hace recordar que la verdadera batalla se libra en el Espíritu y no en la carne (Efesios 6:12). Memoriza esta verdad:

"Porque nuestra lucha no es contra sangre ni carne, sino contra principados, contra autoridades, contra los gobernantes de estas

tinieblas, contra espíritus de maldad en los lugares celestiales". Efesios 6:12

Jesús nos informa que es Satanás quien ha venido "a robar, y a matar, y a destruir" (Juan 10:10). Dondequiera que veas robar, matar y destruir, sabes que el pecado le ha dado a Satanás terreno legal para obrar su maldad (Santiago 4:7). Sin embargo, Jesús dice entonces: "He venido para que tengan vida, y para que la tengan en abundancia". Esta es la declaración esclarecedora de Cristo:

"El ladrón no viene sino para robar, matar y destruir. Yo he venido para que tengan vida, y para que la tengan en abundancia". Juan 10:10

El pecado le da a Satanás el derecho de dominar la vida de uno, sin embargo Jesús vino a "destruir las obras del diablo".

"El que practica el pecado es del diablo, porque el diablo peca desde el principio. Para esto fue manifestado el Hijo de Dios: para deshacer las obras del diablo". 1 Juan 3:8

Nota: nunca dominarás al diablo hasta que abandones a todos sus lobos que se hacen pasar por pastores. Discierne: si no predica el arrepentimiento, la cruz, el infierno, el juicio y la santidad, ¡es un fraude! ¡Corre!

Libertad del Pecado

- Cualquier pecado da lugar a Satanás (Efesios 4:27; 6:11; Santiago 4:7).

- El resultado del pecado es la muerte, pero a través de Jesús tenemos el perdón del pecado (Efesios 1:7).

- El pecado trae la muerte al final si no se arrepiente y se perdona (Santiago 1:13-15; Ezequiel 33:12-13).

- El pecado debe ser confesado, arrepentido y abandonado (Proverbios 28:13; Lucas 13:3; Hechos 2:38; Hechos 17:30; 2 Pedro 3:9).

- El pecado puede ser perdonado (Romanos 6:23; Juan 8:32, 34; Hechos 8:22; 1 Juan 1:9; Santiago 5:16).

Jesús vino a reunirnos con el Padre, a perdonar y liberar a los cautivos del pecado (Lucas 4:18; Hechos 3:26; 10:38, etc.). **"Por eso, si el Hijo os hace libres, seréis verdaderamente libres"** (Juan 8:36).

Los cristianos deben permanecer en la Palabra de Cristo, arrepentirse del pecado, pedir perdón y orar unos por otros.

¿Quién está preparado para dominar al diablo?

No puedes dominar al diablo, ni lo harás, hasta que Jesús domine tu propia vida: ¡la cruz! Esto solo ocurre cuando nos **"consideramos" muertos al pecado, pero vivos para Dios por medio de Jesucristo nuestro Señor"** (Romanos 6:11).

Aprender la cruz diaria que Jesús y Sus santos apóstoles nos instruyeron a tomar es esencial para caminar con Él (Lucas 9:23-24; 2 Corintios 4:10-12; Gálatas 2:20; 5:24; 6:14; Colosenses 3:4, etc.).

Esta vida no funcionará sin la cruz, no importa lo que uno intente. ¡Tener la cruz en tu vida personal significa que Jesús reinará y que Dios te bendecirá y utilizará!

La Liberación y la Vctoria No on para Todos

Jesús vino...

"Para abrir sus ojos, para que se conviertan de las tinieblas a la luz y del poder de Satanás a Dios, para que reciban perdón de pecados y una herencia entre los santificados por la fe en mí". **Hechos 26:18**

"Hijitos, ustedes son de Dios, y los han vencido, porque el que está en ustedes es mayor que el que está en el mundo". 1 Juan 4:4

Solo aquellos que continúan en la Palabra, en obediencia a Dios, serán libres del pecado y de Satanás (Juan 8:31-32, 36). Todos los que no son hacedores de la Palabra se **"engañan"** a sí mismos y están bajo el control del enemigo de todas las almas (Santiago 1:22).

"Por tanto, Jesús decía a los judíos que habían creído en él:—Si ustedes permanecen en mi palabra serán verdaderamente mis discípulos; 32 y conocerán la verdad, y la verdad los hará libres ... 36 Así que, si el Hijo los hace libres, serán verdaderamente libres". Juan 8:31-32, 36

Para ser dominado por el Espíritu Santo y dominar al diablo, debes obedecer a Dios. Escuchar y obedecer es esencial (Isaías 1:18-29).

Jesús vino a bendecir abundantemente y sin embargo no lo hará a menos que se cumplan sus condiciones establecidas. **"Pero sean hacedores de la palabra, y no solamente oidores, engañándose a sí mismos"** (Santiago 1:22).

El Señor Castiga a Quien Ama

Nadie dijo que la purga, el despojo, la corrección y el castigo del SEÑOR no son agotadores y no duelen, y sin embargo, el SEÑOR nos dijo que son necesarios y que ningún hijo suyo está sin ellos. De hecho, Él dice que cualquiera que rechaza Su obra elige no ser de Él-está sin Él como su Padre (Hebreos 12:5-11).

"¿Y ya han olvidado la exhortación que se les dirige como a hijos? Hijo mío, no tengas en poco la disciplina del Señor ni desmayes cuando seas reprendido por él. ⁶ Porque el Señor disciplina al que ama y castiga a todo el que recibe como hijo. ⁷ Permanezcan bajo la disciplina; Dios los está tratando como a hijos. Porque, ¿qué hijo es aquel a quien su padre no disciplina? ⁸ Pero si están sin la disciplina de la cual todos han sido participantes, entonces son ilegítimos, y no hijos. ⁹ Además, teníamos a nuestros padres carnales que nos disciplinaban y los respetábamos. ¿No obedeceremos con mayor razón al Padre de los espíritus, y viviremos? ¹⁰ Ellos nos disciplinaban por pocos días como a ellos les parecía, mientras que él nos disciplina para bien a fin de que participemos de su santidad. ¹¹ Al momento, ninguna disciplina parece ser causa de gozo sino de tristeza; pero

después da fruto apacible de justicia a los que por medio de ella han sido ejercitados". Hebreos 12:5-11

El Señor hará lo siguiente a los que claman a Él por la autenticidad:

- quitar
- reprender
- castiga
- corregir
- purgar

Marlene Austin escribe:

"Amén de que debemos soportar el castigo de nuestro Señor.... Duele, pero le doy la bienvenida. Es increíble cómo puedes sentir Su amor mientras estás sufriendo. Un pensamiento: si la Escritura nos dice que debemos educar a nuestros hijos en el camino que deben seguir, ¿por qué nuestro Padre no nos va a educar a nosotros (Sus hijos) en el camino que debemos seguir para que no nos alejemos de Él? Proverbios 22:6".

Este discípulo está de acuerdo con la hermana Marlene. Recuerdo ese mismo amor, consuelo y seguridad que sentí de niño cuando me daban nalgadas y me corregían por mis malas acciones. Mi padre me amaba y por lo tanto me instruía en el camino correcto.

El discípulo remanente de Jesús es conocido por su adhesión a la verdad divina, la verdad bíblica, sin importar el costo. Él **"soportará la dureza, como buen soldado de Jesucristo"** (2 Timoteo 2:3). Esto contrasta con los que el Espíritu Santo nos advirtió que **"no soportarán la sana doctrina"**, sino que evadirán las duras verdades de la Palabra de Dios y de los que predican el pleno consejo de ella (2 Timoteo 4:2-4).

La verdad bíblica más dura es la delicadeza, el deleite del verdadero discípulo de Jesús. El corre hacia toda ella y nunca de ninguna. Abraza la cruz, nunca la evade. Se deleita en la espada del Espíritu que corta hasta la médula y esculpe la imagen de Cristo en su vida, en el tejido, en el núcleo más íntimo de lo que es en Cristo. Cristo y solo Cristo es su única identidad, y no tiene en cuenta su propia vida en este mundo para poder terminar su curso con grandes alegrías, escuchando de su Salvador la más dulce de todas las palabras: **"Bien hecho, siervo bueno y fiel... entra en el gozo de tu señor"** (Mateo 25:21; Hechos 20:24; Romanos 8:29; Gálatas 2:20; 6:14; 2 Timoteo 2:3).

¿Tiene Dios un propósito al ordenarte que eduques y nalguees/corrijas a tus hijos? Sí, lo tiene, y si eres un auténtico discípulo, le obedecerás sin excusa en este asunto. Así como el SEÑOR tiene sus propósitos para transformar las vidas de su propio pueblo, también nos instruye a **"educar"** a nuestros hijos para sus propósitos y gloria (Proverbios 22:6).

Sobre este importante tema bíblico de la formación de los hijos y Su relación con nosotros, Gina Mondello escribe:

> *"Oh, sí, recuerdo los azotes. Nos enseñaron desde el principio quién era nuestra autoridad, no nosotros mismos. Nos enseñó a temer y respetar la autoridad, lo cual era solo para nuestro bien, para prepararnos a temer, obedecer y respetar a Dios, ¡nuestra máxima Autoridad! ¡Fue una bendición ser azotado! ¡Solo mira lo que no han producido los azotes hoy en día!"*

> *"Es dudoso que Dios pueda bendecir mucho a un hombre hasta que lo haya herido profundamente".* – A.W. Tozer

Debemos ser purificados para estar preparados y **"aptos** (*caber*) **para el uso del maestro"** (2 Timoteo 2:21).

"Así que, si alguno se limpia de estas cosas será un vaso para honra, consagrado y útil para el Señor, preparado para toda buena obra". 2 Timoteo 2:21

"La predicación más aguda y fuerte del predicador debe ser para sí mismo. Su trabajo más difícil, delicado, laborioso y minucioso debe ser consigo mismo. La formación de los doce fue la obra grande, difícil y duradera de Cristo. Los predicadores no son hacedores de sermones, sino hacedores de hombres y santos, y solo está bien capacitado para este negocio quien se ha hecho a sí mismo hombre y santo. No son grandes talentos, ni grandes conocimientos, ni grandes predicadores lo que Dios necesita, sino hombres grandes en santidad, grandes en fe, grandes en amor, grandes en fidelidad, grandes para Dios, hombres que prediquen siempre con sermones santos en el púlpito, con vidas santas fuera de él. Estos pueden moldear una generación para Dios". –E.M. Bounds

Falso vs. Auténtico

La cizaña solo quiere oír lo que le conviene, como las promesas de Dios, lo que no requiere un verdadero arrepentimiento, la entrega de su vida en este mundo fugaz y la negación del yo (la vida crucificada). La cizaña no sabe nada de cumplir las condiciones para las promesas de Dios porque simplemente se niega a arrepentirse, cambiar y morir (Juan 15:7). Así es como se discierne lo auténtico y lo falso.

Los auténticos discípulos de Cristo emigran a su verdad. Caen sobre la piedra, la espada de Su Palabra para ser rotos y circuncidados (Mateo 21:44; Efesios 6:17; Hebreos 4:12). Estudian, abrazan y "soportan la sana doctrina", es decir, toda la Sagrada Escritura (Hechos 17:10-11; 2 Timoteo 2:15; 3:16-17; 4:2-4). Por el contrario, la falsificación migra a los sistemas falsos y a la teología de algodón de azúcar como la que se está vendiendo en la mayoría de las iglesias locales en esta última hora (1 Timoteo 4:1-2; 2 Timoteo 4:2-4).

Aquellos que **"apartan sus oídos de la verdad"** de Dios, permaneciendo religiosos y Lucaswarm, migran a estas filosofías falsas, no bíblicas, falsas doctrinas y nociones de facilidad que pervierten el Evangelio y la gracia de Dios al negarse a predicar la necesidad absoluta del verdadero arrepentimiento, el buen fruto, las buenas obras y una vida crucificada y santa (Lucas 13:3; Hechos 17:30; Hebreos 12:14; 1 Pedro 1:15-16, etc.).

En un mundo de falsificaciones religiosas que no poseen más que una mera **"forma de piedad"**, ¡que Dios nos bendiga para demostrar una fe verdadera y auténtica y una obediencia llena de adoración al SEÑOR y Salvador resucitado con las uñas! (2 Timoteo 3:5)

En Mateo 16, leemos cómo Pedro, uno de los propios 12 de Jesús, fue utilizado por Satanás, justo después de haberle dicho a Jesús "**Tú eres el Cristo, el Hijo de Dios vivo**" (Mateo 16:16). Entonces Pedro trató de impedir que Jesús fuera a la cruz y Jesús le dijo "**Apártate de mí, Satanás, que me ofendes, porque no sabes lo que es de Dios, sino lo que es de los hombres**" (Mateo 16:23).

Satanás puede usar a cualquiera de nosotros como usó a Pedro. Jesús es nuestra única protección, y la sumisión constante a Él es esencial para mantener al diablo fuera.

"**Así que, el que piensa estar firme, mire que no caiga**". 1 Corintios 10:12

"**Ni den lugar al diablo**". Efesios 4:27

"**Sean sobrios y velen. Su adversario, el diablo, como león rugiente anda alrededor buscando a quién devorar:**" 1 Pedro 5:8

Para mantener al diablo bajo los pies, uno debe mantener su propio cuerpo bajo el poder del Espíritu Santo, bajo sujeción al SEÑOR, por medio de la cruz-la vida crucificada. Cuando la muerte y la sepultura están ocurriendo, también la gracia de la resurrección y la gloria de Cristo levantan ese vaso crucificado y sepultado hacia arriba. Ver 2 Corintios 4:10-12.

"Más bien, <u>pongo mi cuerpo bajo</u> disciplina y lo hago obedecer; no sea que, después de haber predicado a otros, yo mismo venga a ser descalificado". 1 Corintios 9:27

En griego, "**debajo**" es *hupōpiazō: hoop-o-pee-ad'-zo*. De un compuesto de G5259 y un derivado de G3700; golpear bajo el ojo (golpear o incapacitar a un antagonista como un pugilista), es decir, (figuradamente) provocar o molestar (para que se cumpla), someter (las pasiones de uno).

¡Cualquiera que esté dispuesto a arrepentirse, a volver de nuevo al SEÑOR puede ser liberado! ¿Sabes lo que dice Santiago 4:7? "**Someteos, pues, a Dios. Resistid al diablo, y huirá de vosotros**" (Santiago 4:7).

Cualquiera que diga ser cristiano, pero que rechace las enseñanzas de Cristo, no es cristiano (Juan 8:47; 1 Juan 2:4).

Vuelva a leer Santiago 4:7. Solo aquellos que se someten a Dios en sus términos -su Palabra escrita- podrán "**resistir (enfrentarse) al diablo**" y ser libres de él. Esta es una verdad divina no negociable.

Hoy es su día para comenzar a usar la verdadera Biblia-la Biblia del Rey Santiago. (Vea el post "**¿En qué Biblia podemos confiar?**" en SafeGuardYourSoul.com.

¿No nos anunció nuestro SEÑOR cuál era y sigue siendo su misión divina?

Declaración de la misión de Jesús:

> **"El Espíritu del Señor está sobre mí, porque me ha ungido para anunciar buenas nuevas a los pobres; me ha enviado para proclamar libertad a los cautivos y vista a los ciegos, para poner en libertad a los oprimidos," Lucas 4:18**

El único modo de dominar al diablo es obedecer a Dios consintiendo su propia muerte, la vida crucificada.

> **"Siempre llevamos en el cuerpo la muerte de Jesús por todas partes para que también en nuestro cuerpo se manifieste la vida de Jesús. 11 Porque nosotros que vivimos, siempre estamos expuestos a muerte por causa de Jesús, para que también la vida de Jesús se manifieste en nuestra carne mortal". 2 Corintios 4:10-12**

Si una persona elige no amar a Jesús más que a su propio y perverso yo, ese hombre permanecerá bajo el control de Satanás. Satanás tiene influencia y control sobre todos los que no se someten a Dios (Santiago 4:7). Jesús te llama a entregar tu vida, a morir y dejar que Él viva y reine en ti. Huir de este mensaje de la cruz revela que uno no es honesto, no es auténtico. Correr hacia este mensaje repetido y bíblicamente declarado del Evangelio original demuestra autenticidad ante Dios. ¿Eres auténtico?

¿A quién deseas pertenecer? No esperes más: acude a Cristo. Ve a la cruz, ¡ahora!

"Habéis sido comprados por un precio; no seáis siervos de los hombres" (1 Corintios 7:23). Claramente, hemos sido comprados por la sangre de Jesucristo. Ahora somos su propiedad. Le pertenecemos. Como tal, debemos servirle a Él y no a simples hombres en este mundo caído.

"¿No saben que cuando se ofrecen a alguien para obedecerlo como esclavos son esclavos del que obedecen; ya sea del pecado para muerte o de la obediencia para justicia?" Romanos 6:16

El simple hecho de conocer la verdad es importante y, sin embargo, para caminar en victoria sobre la carne, el mundo y el diablo, la virtud divina debe llenar nuestras vidas, y eso ocurre a través de la vida diaria de la cruz.

¿Realmente quieres caminar fuerte con Dios? Haz esto. No puedes y no caminarás en victoria total, sino que permanecerás en pecado y esclavitud hasta que entregues tu vida. Esta es tu oportunidad de aprender lo que el SEÑOR dice de este tema.

¿Quién está listo para la victoria total en Cristo?

Aquí está-La cruz en acción!

¿Qué Hizo Jesús Para Combatir a Satanás?

Hay mucha brujería en nombre de la guerra espiritual. Piensa: ¿Qué hizo Jesús cuando combatió al diablo? Simplemente citó la Palabra escrita de Dios que es la autoridad divina final. (Lea Mateo 4.) ¡Es hora de espabilarse y dejar de ser llevados por la nariz por brujos que se hacen pasar por ministros de Cristo!

Mensaje recibido:

"A la gente le gusta decir que debemos hacer la guerra a Satanás. La Biblia es muy clara en que debemos resistir a Satanás, Jesús ya ganó la guerra cuando fue crucificado". –Maureen Lundie

Respuesta del autor:

"Buen punto y sacas a la luz la brujería de muchos 'ministerios' que enseñan sobre 'guerra espiritual' y 'liberación'. Tal vez sería más bíblico decir que al obedecer el mandato de Dios de ser crucificado con Cristo y al ponerse la armadura completa, la victoria de Cristo se impone en nuestras vidas, Satanás es resistido y derrotado (Santiago 4:7). Jesucristo ya ganó la victoria total cuando Él solo, por su propia crucifixión, ¡triunfó sobre Satanás!"

"Él anuló el acta que había contra nosotros, que por sus decretos nos era contraria, y la ha quitado de en medio al clavarla en su cruz. 15 También despojó a los principados y las autoridades, y los exhibió como espectáculo público habiendo triunfado sobre ellos en la cruz". Colosenses 2:14-15

ORACIÓN: *Padre en el Cielo, por favor perdona mi pecado de incredulidad, mi malvado corazón de incredulidad. Aquí y ahora, vuelvo a Ti. Te amo querido Señor Jesús y pongo mi vida en tus santas manos aquí y ahora. Padre Celestial, por favor bendice a este discípulo para que sea muerto y sepultado con Cristo y resucitado en Tu poder querido SEÑOR. En el nombre de Jesús.*

Capítulo 9

Simplemente Auténtico

"No tengo mayor gozo que el de oír que mis hijos andan en la verdad". 3 Juan 1:4

Cómo Convertirse en un Auténtico Discípulo de Jesucristo

¡Pide Ayuda a Dios!

Los Salmos están repletos de gritos de David pidiendo ayuda a Dios a lo largo de su vida. Por citar algunos: **"Ayúdame"**, **"Enséñame"**, **"Muéstrame"**, **"Guíame"**, **"Hazme"**, **"Guíame"**.

> **"Muéstrame, oh SEÑOR, tus caminos; enséñame tus sendas. ⁵ Encamíname en tu verdad y enséñame porque tú eres el Dios de mi salvación. En ti he esperado todo el día". Salmos 25:4-5**

Esto es lo que Dios dijo sobre David: **"He encontrado a David, hijo de Jesé, un hombre según mi corazón, que cumplirá toda mi voluntad"** (Hechos 13:22).

No tenemos que adivinar cuál es el camino que agrada a Dios, podemos saberlo con certeza: ¡pregúntale a Él! Abre tu Biblia, tus oídos, tu corazón, y pídele a tu Señor que te muestre Su verdad, que te muestre Su camino para tu vida.

"Pidan, y se les dará. Busquen y hallarán. Llamen, y se les abrirá. [8] Porque todo el que pide recibe, el que busca halla, y al que llama se le abrirá". Mateo 7:7-8

"Y si a alguno de ustedes le falta sabiduría, pídala a Dios —quien da a todos con liberalidad y sin reprochar— y le será dada". Santiago 1:5

Cree que Dios te Ayudará

"Y sin fe es imposible agradar a Dios, porque es necesario que el que se acerca a Dios crea que él existe y que es galardonador de los que le buscan". Hebreos 11:6

Debes Saber que el Espíritu Santo te Guiará

"Y cuando venga el Espíritu de verdad, él los guiará a toda la verdad pues no hablará por sí solo sino que hablará todo lo que oiga y les hará saber las cosas que han de venir:" Juan 16:13

Toma la Decisión

El rey David fue un hombre de gran determinación, muchas de cuyas decisiones nos fueron registradas en el Libro de Salmos: **"Cantaré y alabaré"**, **"gritaré"**, **"te amaré"**, **"confiaré"**, **"invocaré al Señor"**, **"declararé"**, y varias más.

Inserta tu nombre aquí: Yo, _____, pongo mi corazón hoy, ahora mismo, para convertirme en un auténtico discípulo de Jesucristo-¡por la voluntad y la gracia de mi SEÑOR Jesucristo!

¡Ora Simplemente-Simplemente Ora!

"Y al orar, no usen vanas repeticiones, como los gentiles, que piensan que serán oídos por su palabrería". Mateo 6:7

Recuerda, la oración es simplemente tener una conversación con Dios -compartiendo con Él en la adoración, la alabanza, la acción de gracias, el arrepentimiento, el canto, las súplicas, las preguntas, escuchando su guía, etc.

"Oh pueblos, esperen en él en todo tiempo; derramen delante de él su corazón porque Dios es nuestro refugio. Selah". Salmos 62:8

Ora al Padre en el nombre de Jesús: **"En aquel día no me preguntarán nada. De cierto, de cierto les digo que todo cuanto pidan al Padre <u>en mi nombre</u>, él se lo dará"** (Juan 16:23).

Cuando te acercas al Padre en el nombre de Jesús, te acercas a Dios Padre en sus términos, a través de su **"único mediador entre Dios y los hombres"** - Jesucristo (1 Timoteo 2:5). Y sabemos que Dios te escuchará como lo prometió (Juan 14:13-14; 1 Pedro 3:12). Y necesitamos examinarnos a nosotros mismos para asegurarnos de que nada obstaculiza nuestras oraciones, como:

- Pecado no confesado o no abandonado-Isaías 59:2; Proverbios 28:13
- Motivos egoístas —1 Juan 5:14
- La incredulidad —Santiago 1:6-7
- La falta de perdón —Mateo 6:14-15

En toda la Palabra de Dios se pone un énfasis extremadamente fuerte en la oración. Habiéndose dado cuenta de la importancia que Dios otorga a la oración, alguien observó que *"un verdadero discípulo de Jesús no se describe como que tiene una vida de oración, sino que tiene una vida de oración".*

He aquí algunas Escrituras que destacan el lugar de la oración en la vida de un auténtico discípulo:

- Ora siempre – Efesios 6:18; Lucas 18:1
- Sé instantáneo en la oración – Romanos 12:12
- Ora por todo – Filipenses 4:6
- Ora fervientemente – Colosenses 4:12
- Ora sin cesar – 1 Tesalonicenses 5:17

"Dios está cerca cuando te acercas a Él en oración. ¡Oh, verdad reconfortante! Un Dios a mano para escuchar el más suave aliento de la oración, para escuchar cada confesión de pecado, cada grito de necesidad, cada expresión de dolor, cada lamento de aflicción, cada petición de consejo, fuerza y apoyo. Levántate, alma mía, y dedícate a la oración, porque Dios está cerca para escucharte y responderte". – Octavius Winslow

Así que, en lugar de limitarse a reflexionar sobre sus pensamientos, diríjase rápidamente a Dios en oración. Deja que tu mente, tu vida de pensamiento se llene de oración.

"No se conforman a este mundo; más bien, transfórmense <u>por la renovación de su entendimiento</u> de modo que comprueben cuál

sea la voluntad de Dios, buena, agradable y perfecta". Romanos 12:2

La Palabra de Dios nos instruye sobre *cómo* renovar nuestra mente, nuestros pensamientos:

"**En cuanto a lo demás, hermanos, todo lo que es verdadero, todo lo honorable, todo lo justo, todo lo puro, todo lo amable, todo lo que es de buen nombre, si hay virtud alguna, si hay algo que merece alabanza, <u>en esto piensen</u>". Filipenses 4:8**

Sé Indulgente

Como verás al leer los versículos siguientes, el acto de perdonar a los demás, o la falta de ello, ¡tendrá consecuencias eternas!

"**Porque si perdonan a los hombres sus ofensas, su Padre celestial también les perdonará a ustedes. 15 Pero si no perdonan a los hombres, tampoco su Padre les perdonará sus ofensas". Mateo 6:14-15**

Lee la parábola de Jesús en Mateo 18:21-35 que explica sin ambages la necesidad de perdonar a los demás "**de corazón**".

El Engaño es lo Contrario de lo Auténtico-¡Arrepiéntete!

Dios señala el engaño como la característica número uno del corazón (**"sobre todas las cosas"**) y por eso debe ser tratado intencionalmente a diario, con diligencia y fuerza como nuestro enemigo número uno para ser su auténtico discípulo. **"El corazón es engañoso sobre todas las cosas, y desesperadamente perverso; ¿quién puede conocerlo?"** (Jeremías 17:9)

¿Quién es el engañador? El diablo. **"Porque él (el diablo) es un mentiroso, y el padre de ella"** (Juan 8:44). Entonces, ¿qué espíritu estamos permitiendo que resida y opere en nosotros si albergamos algún engaño en nuestro corazón? El discípulo debe ser sensible a diario mientras el Espíritu Santo saca a la luz cualquier rastro, cualquier mota de engaño, y el más mínimo impulso, pensamiento o inclinación a engañar.

Estamos en una batalla perdida si nosotros, sin Cristo y por nuestra cuenta, utilizando nuestros propios dispositivos humanos tratamos de hacer frente a la tentación de engañar (o *cualquier* tentación para el caso). Jesús nos dice **"Velad y orad para que no entréis en tentación; el espíritu a la verdad está dispuesto, pero la carne es débil"** (Mateo 26:41).

"Porque nuestra lucha no es contra sangre ni carne, sino contra principados, contra autoridades, contra los gobernantes de estas tinieblas, contra espíritus de maldad en los lugares celestiales". Efesios 6:12

¿Por qué vino Jesús a la tierra?

"Para esto fue manifestado el Hijo de Dios: para deshacer las obras del diablo". 1 Juan 3:8b

"Hijitos, ustedes son de Dios, y los han vencido, porque el que está en ustedes es mayor que el que está en el mundo". 1 Juan 4:4

"Sométanse, pues, a Dios. Resistan al diablo, y él huirá de ustedes". Santiago 4:7

Es imposible insistir demasiado en la necesidad absoluta de confesar a fondo y sin descanso ante Dios, incluso la más mínima tendencia de engaño o pensamiento de engaño cuando se nos presente. "**Un poco de levadura fermenta toda la masa**" (Gálatas 5:9).

"Examíname, oh Dios, y conoce mi corazón; pruébame y conoce mis pensamientos. [24] Ve si hay en mí camino de perversidad y guíame por el camino eterno". **Salmos 139:23-24**

"Sobre toda cosa guardada, guarda tu corazón; porque de él emana la vida" (Proverbios 4:23). Entonces, ¿qué vas a permitir que resida en tu corazón... el engaño, o la integridad, la honestidad y la pureza? Cada uno de nosotros decide esto por la diligencia con la que escuchamos al SEÑOR, y rechazamos, renunciamos y nos arrepentimos, confesamos todo pecado por la gracia de Dios, abrazando la muerte al yo y la vida de Cristo (la vida crucificada). **"Porque han muerto, y su vida está escondida con Cristo en Dios"** (Colosenses 3:3).

No dejes de leer aquí porque todo esto parezca imposible de lograr. Acordemos de antemano que es imposible... ¡sin Jesús! Incluso el amado apóstol del SEÑOR, Pablo, clamó **"¡Oh, miserable de mí! ¿Quién me librará del cuerpo de esta muerte?"** (Romanos 7:24).

¡Entra JESÚS! **"Para esto se manifestó el Hijo de Dios, para destruir las obras del diablo"** y **"para que tengan vida, y para que la tengan en abundancia"** (Juan 10:10; 1 Juan 3:8b).

¡Aleluya! Dios nos da gracia suficiente para esta vida al negar la vida propia y llegar a estar vivos, resucitados, en y por Cristo (Gálatas 2:20).

> **"No les ha sobrevenido ninguna tentación que no sea humana; pero fiel es Dios, quien no los dejará ser tentados más de lo que ustedes pueden soportar, <u>sino que juntamente con la tentación dará la salida</u>, para que la puedan resistir". 1 Corintios 10:13**

Esta es la **"vía de escape"** que Dios en su fidelidad ha hecho para nosotros:

Dios nos multiplica su gracia y paz que nos da poder porque somos conocidos por Él (2 Pedro 3:18). ¡Jesús nuestro SEÑOR mora en nosotros junto con su poder divino para ayudarnos a ser piadosos en esta vida de gloria y virtud a la que nos ha llamado!

> **"Gracia a ustedes y paz les sea multiplicada en el conocimiento de Dios y de nuestro Señor Jesús, [3] <u>Su divino poder nos ha concedido todas las cosas que pertenecen a la vida y a la piedad por medio del conocimiento de aquel que nos llamó por su propia gloria y excelencia.</u> [4] Mediante ellas nos han sido dadas preciosas y grandísimas promesas, para que por ellas ustedes sean hechos participantes de la**

naturaleza divina despúes de haber huido de la corrupción que hay en el mundo debido a las bajas pasiones". 2 Pedro 1:2-4

Descubrirás que al ser rápido en reconocer el pecado en tu corazón y arrepentirte inmediatamente, pidiendo el perdón de Dios por ese pecado específico, las instancias de pecado en tu corazón y mente serán menos comunes. "**Si confesamos nuestros pecados, él es fiel y justo para perdonar nuestros pecados y limpiarnos de toda maldad**" (1 Juan 1:9). "**Perdonar**" y "**limpiar**" completamente... ¡eso es poderoso! ¡El poder divino de Cristo actuando en nosotros!

Cuando fuimos salvados inicialmente, Dios nos liberó del poder de Satanás sobre nosotros que nos mantenía en la esclavitud del pecado. Cristo compró nuestra libertad cuando derramó su sangre perfecta en la cruz y gritó: "**Consumado es**" (Juan 19:30).

Por lo tanto, ya no estamos esclavizados al poder de Satanás y se nos ha dado el "**poder de Dios que obra en nosotros**" (Efesios 3:20), el poder divino para vencer todos los rastros del pecado que forman parte de nuestro "**viejo hombre**". Cuando recibimos a Cristo como nuestro Salvador, nuestra alma fue salvada, pero seguimos viviendo en un cuerpo humano y tenemos la necesidad de "**despojarnos del viejo hombre con sus obras; y ... revestirnos del nuevo hombre, que se** renueva en el conocimiento a imagen del que lo creó" (Colosenses 3:1-10).

El discípulo nacido de nuevo "nueva criatura es; las cosas viejas pasaron; he aquí todas son hechas nuevas. ¹⁸ Y todo esto proviene de Dios, quien nos reconcilió consigo mismo por medio de Cristo y nos ha dado el ministerio de la reconciliación" (2 Corintios 5:17-18).

Esta **"nueva criatura"** en Cristo ya no está *aprisionada e impotente* contra el poder del pecado. Cristo nos redimió por su sangre derramada y nos trasladó del cautiverio de las tinieblas y la muerte a la libertad de Su luz y vida.

SEÑOR, me hiciste tu nueva criatura en Cristo. Ahora por favor enséñame, haz que reciba, acoja y abrace la bendición de la vida crucificada para que Tú puedas aumentar y yo pueda disminuir. Eleva Tu vida en mí para que pueda ser llenado más y más con tu Espíritu, amor y luz, justicia y paz y alegría en el Espíritu Santo. En el nombre de Jesús ruego, amén.

Sé una Persona de Verdad

"Santifícalos en la verdad; tu palabra es verdad". Juan 17:17

"¡De ninguna manera! Antes bien, sea Dios veraz aunque todo hombre sea mentiroso, como está escrito: Para que seas justificado en tus palabras y venzas cuando seas juzgado". Romanos 3:4

Cuando seas una persona de verdad, estarás comunicando solo la verdad de Dios por la cual el SEÑOR hace a los hombres libres. Lee Juan 8:31-32, 36.

Los que no son honestos con la Biblia demuestran que no son honestos con su Autor (Isaías 5:20-24; Juan 8:47; 2 Timoteo 4:2-4).

Rinde Cuentas Primero a Dios y a los Otros Verdaderos Creyentes que Te Rodean

"Contra ti, contra ti solo he pecado y he hecho lo malo ante tus ojos. Seas tú reconocido justo en tu palabra y tenido por puro en tu juicio". Salmos 51:4

"Que el justo me castigue y me reprenda será un favor. Pero que el aceite del impío no embellezca mi cabeza, pues mi oración será continuamente contra sus maldades". Salmos 141:5

"Por tanto, confiésense unos a otros sus pecados, y oren unos por otros de manera que sean

sanados. La ferviente oración del justo, obrando eficazmente, puede mucho". Santiago 5:16

Caminar en la Luz

"Pero si andamos en luz, como él está en luz, tenemos comunión unos con otros y la sangre de su Hijo Jesús nos limpia de todo pecado". 1 Juan 1:7

"La exposición de tu palabra alumbra; hace entender a los ingenuos". Salmos 119:130

Al cooperar con Dios entregando diariamente nuestras vidas ante Él, muriendo al yo y dejando que su poder actúe en nosotros (Efesios 3:20), ¡estamos caminando en un DISCIPULADO AUTÉNTICO!

"Por tanto, todos nosotros, mirando a cara descubierta como en un espejo la gloria del Señor, somos transformados de gloria en gloria en la misma imagen, como por el Espíritu del Señor". 2 Corintios 3:18

"Pero en cuanto a la parte que cayó en buena tierra, estos son los que, al oír con corazón bueno y recto, retienen la palabra oída y llevan fruto con perseverancia". Lucas 8:15

"Crea en mí, oh Dios, un corazón puro y renueva un espíritu firme dentro de mí". Salmos 51:10

Sé Coherente y Sigue Adelante

El apóstol Pablo escribió lo siguiente sobre Su propio camino con Cristo:

"Hermanos, yo mismo no pretendo haberlo ya alcanzado. Pero una cosa hago: olvidando lo que queda atrás y extendiéndome a lo que está por delante, [14] prosigo a la meta hacia el premio del supremo llamamiento de Dios en Cristo Jesús". Filipenses 3:13-14

Al igual que Pablo, la vida de un auténtico discípulo solo puede realizarse con una actitud de "alcanzar" y presionar diariamente hacia" nuestro Dios, buscando su santo rostro en la alabanza, la oración y la lectura, el estudio y la memorización diaria de su Palabra. "Santifícalos en tu verdad: tu palabra es verdad" (Juan 17:17). "Tu palabra es una lámpara para mis pies, y una luz para mi camino" (Salmos 119:105).

Recordemos que no es nuestro propio esfuerzo humano el que nos hará llegar a ser un auténtico discípulo. "Porque Dios es el que obra en vosotros el querer y el hacer por su buena voluntad" (Filipenses 2:13). Más bien, es nuestra *decisión diaria* de DEJAR IR,

MORIR A MI MISMO y DEJAR QUE DIOS se salga con la suya en nosotros continuamente-la vida crucificada.

**"Con Cristo he sido juntamente crucificado; y ya no vivo yo sino que Cristo vive en mí. Lo que ahora vivo en la carne, lo vivo por la fe en el Hijo de Dios quien me amó y se entregó a sí mismo por mí".
Gálatas 2:20**

**"Humíllense delante del Señor, y él los exaltará".
Santiago 4:10**

ORACIÓN: *Padre en el Cielo, vengo a ti en el nombre de Jesucristo. Por favor, hazme puro y auténtico hasta el fondo de mi ser. Quita de mí todo rastro de falsedad, y toda noción errónea, filosofía y falsa doctrina. Infunde en mí tu santo temor y ayúdame a ser siempre sensible a tu voz y a ser guiado por ti en todas las cosas. Por favor, establéceme y arréglame en Cristo, querido Padre, y úngeme para ser crucificado y enterrado para que solo Tú puedas reinar en esta vida. Tú debes aumentar pero yo debo disminuir Señor Jesús. En el nombre de Jesús. amén.*

Capítulo 10

Tener un Corazón Tras el Señor

"Pero el SEÑOR dijo a Samuel:—No mires su apariencia ni lo alto de su estatura, pues yo lo he rechazado. Porque el SEÑOR no mira lo que mira el hombre: El hombre mira lo que está delante de sus ojos, <u>pero el SEÑOR mira el corazón</u>". 1 Samuel 16:7

El Señor dijo que David era **"un hombre según mi corazón, que cumplirá toda mi voluntad"** (Hechos 13:22).

El Señor no se esconde de nadie, ni está disponible para el mero buscador casual. Si no tenemos un corazón conforme a Dios hoy en día, todo lo que tenemos es una religión muerta-una mera forma de piedad (Hechos 13:22; 2 Timoteo 3:5).

"Una cosa he pedido al SEÑOR; esta buscaré: que more yo en la casa del SEÑOR todos los días de mi vida, para contemplar la hermosura del SEÑOR y para inquirir en su templo". Salmos 27:4

Tener un corazón en pos de Dios, un corazón, una vida que busca implacablemente al SEÑOR, es una elección-

una elección sabia que se hace hoy por todos los que están presionando en Jesús. Hoy estamos eligiendo estar llenos de nosotros mismos o llenos de Cristo. Así es como podemos estar llenos de Cristo: **"Bienaventurados los que tienen hambre y sed de justicia, porque serán saciados"** (Mateo 5:6).

Por defecto, la persona que no está buscando fervientemente a Jesús hoy, está llena de sí misma, no de Cristo (Mateo 5:6).

"Queremos ver a Jesús", es el clamor de todo hijo de Dios que va al cielo (Juan 12:21).

Cuando el profeta Samuel había examinado a todos los hijos de Jesé para ver cuál debía ser rey en Israel, pasó por encima de los hijos de Jesé, altos, fuertes, guapos y establecidos, para llegar al amado David (1 Samuel 16:1-13). David tenía una cualidad superior que es rara. Es la única persona en toda la Biblia llamada por Dios **"un hombre según mi corazón"**.

> **"Después de quitarlo** *(Saul)*, **les levantó por rey a David, de quien dio testimonio diciendo: "He hallado a David hijo de Isaí, <u>hombre conforme a mi corazón, quien hará toda mi voluntad</u>".** **Hechos 13:22**

Los ojos del Todopoderoso están escudriñando la tierra hoy, mirando, buscando ese único corazón que anda tras Él.

"Porque los ojos del SEÑOR recorren toda la tierra para fortalecer a los que tienen un corazón íntegro para con él. Locamente has actuado en esto, y de ahora en adelante habrá guerras contra ti". 2 Crónicas 16:9

La siguiente nota fue encontrada en la habitación de un joven pastor en Zimbabwe, África, después de su martirio por su fe en Jesucristo.

"...No se me puede comprar... ni engañar ni retrasar. No me acobardaré ante el sacrificio, ni vacilaré ante el adversario, ni negociaré en la mesa del enemigo, ni serpentearé en el laberinto de la mediocridad. No me rendiré, no me callaré, no me rendiré hasta que haya permanecido, almacenado, orado y predicado por la causa de Cristo. Soy un discípulo de Jesús. Debo ir hasta que Él venga, dar hasta que me caiga, predicar hasta que todos sepan y trabajar hasta que Él me detenga. Y cuando Él venga por los suyos, no tendrá problema en reconocerme... mi bandera será 'Jesús, el Hijo de Dios.'"

Que se diga de nosotros, de ustedes amados de Dios, que tienen un corazón perfecto para con su Dios, uno que anhela más de Él cada día.

Note en 2 Crónicas 16:9 arriba, lo que los ojos del SEÑOR están buscando es el **"corazón"** que es **"perfecto hacia Él"** y no el desempeño. Vaya. Selah. Medita en eso. Tu *desempeño* pasado no significa nada para el SEÑOR. Lo que importa ahora, en este momento, es si vas a volver tu corazón verdaderamente a Él y clamar a Él. **"Mi alma se empeña en seguirte; tu diestra me sostiene"** (Salmos 63:8).

En cuanto a los ancianos siervos, recuerda que el verdadero siervo del Señor siempre fomentará en ti un amor cada vez más profundo por Jesús, un deseo de conocerlo más (Juan 17:3; Filipenses 3:10). El amor por Jesús, residente en aquellos con un corazón que busca a Dios, es contagioso. Nunca llamarán la atención sobre sí mismos, sino que solo señalarán a todos a Cristo crucificado, como se revela en las Sagradas Escrituras. (Gálatas 6:14; 1 Corintios 2:2)

El pedigrí religioso o de linaje es nada en el reino de Cristo (Mateo 20:20-28; 23:8-12). Nuestro Señor engrandece el corazón que le sigue con ahínco (2 Crónicas 16:9; Salmos 63:8).

¿Con quién preferirías pasar un día: con un graduado del seminario, o con un humilde discípulo con un corazón que sigue al SEÑOR?

El sistema de seminarios es inepto al igual que el sistema de la iglesia donde la gente siente que ha buscado a Dios porque obtuvo un título, o porque asiste a un servicio de la iglesia el domingo por la mañana. Sin embargo, no hay fervor. No hay hambre ni sed en ellos. En el mejor de los casos son tibios. Esto es trágico y resultará en un escupitajo, un rechazo (Apocalipsis 3:15-16).

Por definición bíblica, las vírgenes insensatas mencionadas en la parábola de Jesús, son aquellas que una vez fueron salvadas, desposadas con el Esposo del Cielo, y desde entonces se han alejado de la intimidad con Él. Sus vasijas están vacías, y serán excluidas de Su cámara nupcial eterna si no se arrepienten y vuelven a Él como **"primer amor"** (Mateo 25:1-13; Apocalipsis 2:4-5).

"Yo conozco tus obras, que ni eres frío ni caliente. ¡Ojalá fueras frío o caliente! 16 Así, porque eres tibio, y no frío ni caliente, estoy por vomitarte de mi boca". Apocalipsis 3:15-16

Aquellos que pretenden servir a Dios, que tratan a Cristo como un ciudadano de segunda clase, sirviéndole solo cuando es conveniente, se revelan como egoístas, adoradores de sí mismos, auto-idólatras, Lucaswarm, reincidentes y destinados al infierno.

Hoy es siempre el mejor momento para arrepentirse, para dejar nuestra vida y obedecer a Dios (Mateo 7:21; Apocalipsis 22:14, etc.). El libro del Apocalipsis nos asegura que los fuegos de la condenación eterna van a alimentar para siempre las almas indefensas y conscientes de todos los que se niegan a arrepentirse y a volver a Jesús como su **"primer amor"** (Apocalipsis 2:4-5; 3:15-16).

Personalmente, soy constantemente consciente del peligro de la deshidratación del cuerpo y, por lo tanto, sigo forzando militantemente el agua en mi cuerpo cada hora. De la misma manera, y mucho más importante, con consecuencias eternas, debemos ser seguidores disciplinados de Cristo que permanezcan llenos de su virtud divina por medio de la comunión perpetua. Nos advierte que **"oremos sin cesar"** (1 Tesalonicenses 5:17). **"Los hombres deben orar siempre y no desmayar"** (Lucas 18:1)

Los que no beben mucha agua fresca carecerán de salud y los que no beben del pozo de Yahveh en la oración sin cesar, sufrirán la derrota espiritual aquí y eternamente (Mateo 26:41).

Hablar con Dios en la oración es más importante que nuestro hablar a los hombres sobre Dios (ministrar). La mayor tentación a la que nos enfrentamos es rechazar a Cristo, negándole el lugar de **"primer amor"** en nuestras vidas, lo que incluye nuestro tiempo, nuestro corazón y nuestra vida en este mundo temporal (Apocalipsis 2:4-5). Aquellos que no están en comunión con el SEÑOR en oración, simplemente no estarán imbuidos con Su unción divina para vencer efectivamente, poderosamente, al pecado y a Satanás, y también estarán vacíos de la virtud divina necesaria para ministrar a otros.

> *"Jesús nunca enseñó a sus discípulos a predicar, solo a orar. Saber hablar con Dios es más que saber hablar con la gente. El poder con Dios es lo primero, no el poder con la gente. A Cristo le encanta enseñarnos a orar".* -Andrew Murray, Con Cristo en la escuela de oración, pp. xxiii-xxiv

Los discípulos le pidieron a Jesús **"Señor, enséñanos a orar"**, no **"enséñanos a predicar"** (Mateo 11:1).

Aquellos que no se deleitan en el SEÑOR diariamente tienen al yo como su ídolo. **"Deléitate también en el

SEÑOR, y él te concederá las peticiones de tu corazón" (Salmos 37:4).

¿Eres una persona que se ha alejado, o eres uno de los que **"se levantan a sí mismos para aferrarse a ti (el SEÑOR)"**? Véase Isaías 64:7.

Cuidado con las trampas

> **"No es indecoroso, ni busca lo suyo propio. No se irrita, ni lleva cuentas del mal" 1 Corintios 13:5**

Aquellos que se examinan y juzgan a sí mismos, arrepintiéndose y trayendo acciones correctivas a sus vidas personales, no serán juzgados por Dios como lo serán los malvados. Todos los que realmente conocen a Dios buscan a Dios y se examinan constantemente, haciendo un inventario honesto de su verdadero estado espiritual con el Señor.

> **"Pero si nos examináramos bien a nosotros mismos, no se nos juzgaría. [32] Pero siendo juzgados, somos disciplinados por el Señor, para que no seamos condenados con el mundo". 1 Corintios 11:31-32**

En última instancia, todos nos presentaremos ante el Señor para rendir cuentas y, sin embargo, eso no es todo lo que dice la Biblia. Muchos se aíslan del pueblo de Dios y de Su Palabra hablada a través de Su pueblo

(Hechos 2:42; Colosenses 3:16). Se esconden en las tinieblas con la actitud de que *"Dios me juzgará así que déjenme en paz"* porque no son responsables ante Cristo y por lo tanto no quieren ningún auto examen o la ayuda del cuerpo de Cristo.

David dijo: **"Que el justo me castigue y me reprenda será un favor. Pero que el aceite del impío no embellezca mi cabeza, pues mi oración será continuamente contra sus maldades"** (Salmos 141:5).

"Los reproches de instrucción son el camino de la vida" (Proverbios 6:23b). La vida en Cristo implica un aprendizaje continuo, un aula interminable de instrucción y corrección divina, de aprender a entregar nuestras vidas, de abandonarnos a Cristo-crucificado con Él, muerto y sepultado, y resucitado por Él. Lee 2 Corintios 4:10-12.

¡Sabemos que nuestras vidas no están efectivamente muertas y sepultadas con Cristo si las obras de la carne están levantando su fea cabeza y manifestándose! Lea Gálatas 5:16-24. Entonces sabemos que hay que volver a la cruz, ¿no?

"La prostitución y el vino y el vino nuevo quitan el corazón" (Oseas 4:11). El pecado quita el corazón. En otras palabras, la razón por la que algunos no están llenos de convicción santa, fervientes en espíritu, llenos de amor, gozo y celo del SEÑOR, se debe a su propia elección de no arrepentirse, santificarse y seguir a Jesús. El yo y el pecado gobiernan sus vidas, no Cristo. Cuando un hombre se arrepiente de verdad, Dios le quita el corazón pétreo y endurecido causado por el pecado y le da **"un corazón de carne"** (Ezequiel 36:24-26). Vuelve la convicción santa.

"Por tanto, nosotros también, teniendo en derredor nuestro tan grande nube de testigos, despojémonos de todo peso y del pecado que tan fácilmente nos enreda, y corramos con perseverancia la carrera que tenemos delante de nosotros [2] puestos los ojos en Jesús, el autor y consumador de la fe, quien por el gozo que tenía delante de él sufrió la cruz, menospreciando el oprobio, y se ha sentado a la diestra del trono de Dios". Hebreos 12:1-2

La avaricia es también un pecado que daña el alma y del que se habla a menudo en la Palabra de Dios. Lea 1 Timoteo 6:6-17. El éxito no es el dinero. No, el verdadero éxito es la unidad permanente, la relación con Jesús. Lee los capítulos 15 y 17 del Evangelio de Juan.

"Siendo, pues, que ustedes han resucitado con Cristo, busquen las cosas de arriba donde Cristo está sentado a la diestra de Dios. ² Ocupen la mente en las cosas de arriba, no en las de la tierra; ³ porque han muerto, y su vida está escondida con Cristo en Dios. ⁴ Y cuando se manifieste Cristo, la vida de ustedes, entonces también ustedes serán manifestados con él en gloria". Colosenses 3:1-4

Dios promete que será encontrado por nosotros *solo* si lo buscamos profunda y diligentemente. "**Pero si desde allí buscas al Señor tu Dios, lo encontrarás, si lo buscas con todo tu corazón y con toda tu alma**" (Deuteronomio 4:29).

"Entonces me invocarán. Vendrán y orarán a mí, y yo los escucharé. ¹³ Me buscarán y me hallarán, porque me buscarán con todo su corazón. ¹⁴ Me dejaré hallar de ustedes, dice el SEÑOR, y los restauraré de su cautividad..." Jeremías 29:12-14

"Si tú lo buscas, él se dejará hallar". 1 Crónicas 28:9

"Mi corazón ha dicho: "Busquen su rostro". ¡Tu rostro buscaré, oh SEÑOR!" (Salmos 27:8). Por diseño satánico, hoy en día en las reuniones del edificio de la iglesia moderna, parece haber poco en la forma de adoración auténtica y aparentemente muy poca hambre de Cristo (Mateo 5:6).

La Vida en Cristo es la Clave

He aquí algo que me ha funcionado poderosamente durante muchos años. ¿Es bíblico? Sí. (Ve el versículo bíblico más abajo).

Cada noche, proponte levantarte por la mañana para buscar al SEÑOR en Su Palabra, alabanza, acción de gracias y oración. Una oración nocturna a Dios y una declaración a ti mismo podría ser algo así....

> *"Querido Padre, en el nombre de Jesús, si eliges despertarme por la mañana, te buscaré, escudriñaré, leeré y estudiaré tu Palabra y buscaré tu santo rostro deleitándome en la comunión de la oración, la acción de gracias y la alabanza. ¡Te amo Jesús!"*

Medita en el siguiente versículo de la verdad divina y hazlo parte de tu vida. **"Dediquen, pues, su corazón y su alma a buscar al SEÑOR su Dios"** (1 Crónicas 22:19).

Palabra hebrea para "dedicar" - "aplicar, asignar, causar, hacer, empujar, pronunciar". Con esta definición de la palabra "dedicar" en mente, lea el versículo anterior de la Escritura de nuevo.

"Ora sin cesar" (1 Tesalonicenses 5:17). Comienza cada día con Cristo.

Jesús dice que para tener las cosas de Dios añadidas a tu vida, para tener a Dios ricamente presente en tu vida personal, debes ponerlo a Él primero: **"Más bien, busquen primeramente el reino de Dios y su justicia, y todas estas cosas les serán añadidas"** (Mateo 6:33).

"Primeramente" en Mateo 6:33 significa primera prioridad. Cuando Dios es realmente lo primero en tu vida, se demuestra al levantarse cada mañana para buscar Su santo rostro, para estar en comunión con Él, para ofrecer acciones de gracias, para hacer Su santo mandato, para ser empoderado y guiado por Su Santa Palabra y Espíritu (Salmos 5:3; 63:1; Marcos 1:35). Cuando Él es el primero en tu corazón realmente, ¡Él es el primero en tu día!

"Cada mañana somos llamados por nuestro Padre celestial a presentar todo nuestro ser ante Él y su Palabra (1 Tesalonicenses 5:23-24). No debemos ser

'torpes de oído' (Hebreos 5:11) sino estar listos y ansiosos de escuchar lo que Él tiene que decir en Su Palabra y por Su Espíritu, incluso si es una corrección dolorosa". –Debbie Lord

ORACIÓN: *Padre Celestial, quiero que mi vida te glorifique, verdaderamente, auténticamente. Querido SEÑOR hay tantas inconsistencias en mí que no te representan que ahora te pido que las enmiendes. Cámbiame, por favor. Santifica y unge mi vida para ser crucificado con Cristo, para ser conformado a tu santa imagen querido Señor Jesús. Te amo querido Maestro y Salvador de mi alma, de mi vida. Padre Santo, te pido estas cosas en el nombre de Jesucristo.*

Capítulo 11

Luto vs. Alegría
Primera Parte

Las Dos Casas: ¿En Qué Casa Pasas Más Tiempo?

"**Mejor es ir a la casa de duelo que a la casa del banquete. Porque eso es el fin de todos los hombres, y el que vive lo tomará en serio.**

3 Mejor es el pesar que la risa, porque con la tristeza del rostro se enmienda el corazón. 4 El corazón de los sabios está en la casa del duelo, pero el corazón de los necios está en la casa del placer. 5 Mejor es oír la represión del sabio que oír la canción de los necios". Eclesiastés 7:2-5

Muchos cristianos que profesan serlo hoy en día huyen y evaden todos los mensajes sobre el arrepentimiento, la cruz y la entrega de su vida en este mundo fugaz. Al igual que las vírgenes insensatas en la parábola de Jesús, vemos hoy que muchos que en su pasado se desposaron con el Gran Esposo del Cielo ya no se anticipan ni se preparan para las bodas (Mateo 25:1-13). Ellos no están siguiendo a Jesús en SUS términos. No, ellos están viviendo su mejor vida ahora, habiendo sido mimados por los lobos que los están usando (2 Timoteo 4:2-4; 2 Pedro 2:1-3).

Es triste que tan pocos profesantes del cristianismo estén escuchando y respondiendo al llamado de Dios de venir a Jesús y servirle en SUS términos, lo cual siempre comienza con un verdadero arrepentimiento y probando ese arrepentimiento dando buenos frutos (Mateo 3:7-10). Muchos otros han elegido una falsificación barata en lugar del Hijo de Dios y están perdiendo las bendiciones de Dios en esta vida y en la próxima.

Muchos quieren comodidad y sin embargo rechazan a Cristo y la cruz. **"Porque los hombres serán amantes de sí mismos ... traidores, embriagadores, altivos, amantes de los placeres más que de Dios"** (2 Timoteo 3:1, 4).

Cuando pasamos un tiempo en la casa del luto (la cruz-muerte, la sepultura), nos sigue la casa, el lugar de la alegría (la celebración, la resurrección). ¿Volvemos a leer este importante pasaje?

> **"<u>Mejor es ir a la casa de duelo</u>** *(lamento, tristeza, pena)*, **que a la <u>casa del banquete</u>. Porque eso es el fin de todos los hombres, y el que vive lo tomará en serio. 3 Mejor es el pesar que la risa, porque con la tristeza del rostro se enmienda el corazón. 4 El corazón de los sabios está en la <u>casa del duelo</u>, pero el corazón de los necios está en**

la <u>**casa del placer**</u> *(celebración, júbilo, alegría, regocijo, festival)"*. **Eclesiastés 7:2-4**

Piensa en la parábola de Jesús de las diez vírgenes (Mateo 25:1-13). Es por el amor a su futuro esposo que la virgen desposada renuncia a correr con las vírgenes necias, las fiesteras. Su amor por el futuro esposo y el miedo a perderlo son sus sanas, justificadas y sabias inspiraciones.

Esta es una revelación sorprendente: Mira lo que dice el rey Salomón aquí abajo. Renunciar a la gratificación egoísta, a los festines, a las celebraciones, siempre resulta en experimentar la muerte, la sepultura y el gozo y la plenitud de la resurrección que solo Dios puede y desea deleitarnos cuando hacemos las cosas a su manera: en la cruz. La cruz, la muerte y la sepultura (casa del luto) siempre preceden a **"la casa de la alegría"**.

<u>"La casa de la fiesta</u>, porque ese es el fin de todos los hombres" (v. 2): El orgullo fue la causa fundamental de la caída de Lucifer y un tercio de los ángeles de Dios en el cielo, y cada civilización de la humanidad que ha venido y se ha ido fue destruida en su rebelión llena de orgullo. Quizás Sodoma y Gomorra sean el ejemplo bíblico más popular (Ezequiel 16:49-51).

El Sabio y el Necio Contrastados

Fíjate: **"El corazón de los sabios está en la casa del luto; pero el corazón de los necios está en la casa de la alegría"** (v. 4). Cuando la sabiduría divina empieza a ocupar más terreno en nuestro corazón, empezamos a darnos cuenta de que su sabiduría nos enseña a bajar, a la muerte y a la sepultura, mientras que la insensatez nos tienta a buscar **"la casa de la alegría"**, a entregarnos en exceso a la celebración, a **"medicarnos"** en lugar de caminar por la soledad y la prueba con el SEÑOR y, por tanto, ser curados, sanados, preparados y madurados (1 Pedro 5:10).

Nunca experimentaremos a Dios en la montaña como lo haremos en el valle. Cuando "lo tomamos en la barbilla", nos derribamos, nos humillamos. Esto nos pone en el lugar de la debilidad y a Dios en el lugar de la fuerza, ¡gobernando en nosotros con Su poder divino!

"Y para que no me enaltezca sobremanera por la grandeza de las revelaciones, me ha sido dado un aguijón en la carne, un mensajero de Satanás, que me abofetee para que no me enaltezca. [8] En cuanto a esto, tres veces he rogado al Señor que lo quite de mí [9] y me ha dicho: "Bástate mi gracia, porque mi poder se perfecciona en la debilidad". Por tanto, de buena gana me gloriaré más bien

en mis debilidades, para que habite en mí el poder de Cristo. [10] Por eso me complazco en las debilidades, afrentas, necesidades, persecuciones y angustias por la causa de Cristo; porque cuando soy débil, entonces soy fuerte". 2 Corintios 12:7-10

Muchos padres despistados hoy en día están destruyendo a sus propios hijos llenándolos de postres azucarados cuando el niño no se hace responsable de comer la carne y las verduras. De la misma manera, los falsos líderes de hoy en día están asesinando espiritual y eternamente a su público crédulo y bíblicamente analfabeto al alimentarlos con el evangelio de algodón de azúcar de "la mejor vida ahora" en lugar de enseñarles la cruz -la vida crucificada- del Evangelio original de Jesús (2 Timoteo 4:2-4).

Nuestro SEÑOR Jesús sufrió mucho en **"la casa del luto"**. La resurrección divina siguió al luto, al gran sufrimiento de nuestro Salvador.

"Fue despreciado y desechado por los hombres, varón de dolores y experimentado en el sufrimiento. Y como escondimos de él el rostro, lo menospreciamosh y no lo estimamos. [4] Ciertamente él llevó nuestras enfermedades y sufrió nuestros dolores. Nosotros lo tuvimos por

azotado, como herido por Dios y afligido. ⁵ Pero él fue herido por nuestras transgresiones, molido por nuestros pecados. El castigo que nos trajo paz fue sobre él, y por sus heridas fuimos nosotros sanados. ⁶ Todos nosotros nos descarriamos como ovejas; cada cual se apartó por su camino. Pero el SEÑOR cargó en él el pecado de todos nosotros. ⁷ Él fue oprimido y afligido, pero no abrió su boca. Como un cordero, fue llevado al matadero; y como una oveja que enmudece delante de sus esquiladores, tampoco él abrió su boca. ⁸ Por medio de la opresión y del juicio fue quitado. Y respecto a su generación, ¿quién la contará? Porque él fue cortado de la tierra de los vivientes, y por la transgresión de mi pueblo fue herido. ⁹ Se dispuso con los impíos su sepultura, y con los ricos estuvo en su muerte. Aunque nunca hizo violencia, ni hubo engaño en su boca, ¹⁰ con todo eso, el SEÑOR quiso quebrantarlo, y lo hirió. Cuando se haya puesto su vida como sacrificio por la culpa, verá descendencia. Vivirá por días sin fin, y la voluntad del SEÑOR será en su mano prosperada. ¹¹ A causa de la angustia de su alma, verá la luz y quedará satisfecho. "Por su conocimiento mi siervo justo justificará a muchos, y cargará con los pecados de ellos. [12] Por tanto, yo le daré parte con los grandes, y con los fuertes repartirá despojos. Porque derramó su vida hasta la muerte y fue contado entre los transgresores, habiendo él llevado el pecado de muchos e intercedido por los transgresores". Isaías 53:3-12

Un hermano escribe:

"El único camino hacia el ascenso es la degradación. ¿Buscas hoy una degradación? ¿Quieres que el yo progrese, sea mejorado, prominente, reconocido, satisfecho, engrandecido, complacido, promovido, notado o aplaudido? ¿O quieres que el yo sea degradado, crucificado y matado a todas estas cosas mundanas?"

La verdad bíblica más severa -la vida en la cruz- es también la más preciosa y satisfactoria para el verdadero discípulo de Jesús, que correrá hacia ella y no la evitará. La abrazará y nunca la evadirá. Se deleita en la espada del Espíritu que corta el corazón de su ser, conformándolo a la imagen de Cristo, hasta el mismo núcleo, la esencia más íntima de lo que es en Cristo.

Ir a la iglesia, ser miembro de la iglesia es la religión de muchos hoy en día. Les encanta lo fácil que es porque nunca exige un verdadero arrepentimiento con buenas obras para demostrar que el arrepentimiento es real (Mateo 3:7-10).

Jesús específicamente, en detalle, nos advierte de los peligros, el peligro eterno del alma, asociado con **"la casa de la alegría"**, la vida de la facilidad, cuando dice:

> **"Miren por ustedes, que sus corazones no estén cargados de glotonería, de embriaguez y de las preocupaciones de esta vida, y que aquel día venga sobre ustedes de repente como una trampa; 35 porque vendrá sobre todos los que habitan sobre la superficie de toda la tierra. 36 Velen, pues, en todo tiempo, orando para que tengan fuerzas para escapar de todas estas cosas que han de suceder, y puedan estar en pie delante del Hijo del Hombre". Lucas 21:34-36**

La vida de exceso de indulgencia siempre llevará a la condenación eterna. **"Pero la que vive en el placer está muerta mientras vive"** (1 Timoteo 5:6).

Jesús advierte:

> **"Entren por la puerta estrecha; porque ancha es la puerta y espacioso el camino que lleva a la perdición, y son muchos los que entran por ella. 14 Pero ¡qué estrecha es la puerta y qué**

angosto el camino que lleva a la vida! Y son pocos los que la hallan". Mateo 7:13-14

Jesús está ahora, de nuevo reinando como supremo SEÑOR a la derecha del Padre, habiendo realizado la cruz, la redención a través de su muerte, sepultura y resurrección.

"Y, hallándose en condición de hombre, se humilló a sí mismo haciéndose obediente hasta la muerte, ¡y muerte de cruz! [9] Por lo cual, también Dios lo exaltó hasta lo sumo y le otorgó el nombre que es sobre todo nombre:" Filipenses 2:8-9

Basándose en sus sufrimientos terrenales, nuestro Mesías es llamado con razón "el Siervo sufriente" (Isaías 53, etc.). Jesús sufrió, murió, fue enterrado y resucitó de entre los muertos. Él nos llama a sufrir también la muerte de nosotros mismos para poder exaltarnos en Su poder de resurrección, para Su gloria.

"Puesto que Cristo ha padecido en la carne, ármense también ustedes con la misma actitud. Porque el que ha padecido en la carne ha roto con el pecado [2] para vivir el tiempo que le queda en la carne, no en las pasiones de los hombres sino en la voluntad de Dios". 1 Pedro 4:1-2

Sufrir nuestra propia muerte al yo para que Cristo reine, es el Evangelio en acción en nuestra vida personal. **"Porque se les ha concedido a ustedes, a causa de Cristo, no solamente el privilegio de creer en él sino también el de sufrir por su causa"** (Filipenses 1:29).

El sufrimiento por Cristo es una realidad del Evangelio original, aunque rara vez se menciona en el mundo eclesiástico moderno.

La adversidad es el mayor aula de aprendizaje, no la comodidad y la facilidad.

Un hermano en Cristo escribe:

"Abraza los sufrimientos de la cruz: abraza la confusión, la oscuridad, el hundimiento y la caída: cae en Dios, aguanta tu dolor, empápate de tu sufrimiento. Si el amor no puede cambiarlo, acéptalo. Presenta tu cuerpo como un sacrificio vivo a la muerte y resurrección arriba con Cristo. Corre hacia la cruz, no te alejes de ella ni intentes escapar de ella. Comienza a ver las cosas malas que no mereces como cosas positivas. Ve todo lo que sucede en la vida como algo positivo. Lo malo es bueno. Lo bueno es bueno. Date cuenta de que abrazar el sufrimiento es abrazar

la destrucción de tu principal enemigo: ¡el yo egocéntrico!"

Cuando Israel se rebeló, el Señor advirtió que iba a quitarles la alegría:

"Haré cesar en las ciudades de Judá y en las calles de Jerusalén la voz de gozo y la voz de alegría, la voz del novio y la voz de la novia; porque la tierra será arruinada". Jeremías 7:34

Jesús va a juzgar a todos los hombres y va a quitar eternamente toda **"alegría"**, es decir, todo el gozo, la felicidad y la celebración de los malvados, aquellos que se niegan a llorar por sus pecados en verdadero arrepentimiento y fe y a ser salvados (Santiago 4:6-10).

"Bienaventurados los que lloran, porque serán consolados" (Mateo 5:4). Los que lloran en esta vida ya están experimentando un anticipo de la gloria divina-confort del "Dios de toda consolación" (2 Corintios 1:2-5).

Serendipia: Realmente no empiezas a disfrutar de tu vida en este mundo hasta que la dejas, hazlo a la manera de Dios y no a la tuya (Mateo 6:33; Lucas 9:23-24; 14:33; 17:33). Todo verdadero discípulo puede dar testimonio de esto.

No, no he hablado de amar a este mundo, ni siquiera lo he insinuado (1 Juan 2:15). Sin embargo, tener una conciencia clara y una profunda paz interior concedida por Dios mismo es esencial para la realización que glorifica a Cristo (Salmos 23).

Los que están en Cristo sufrirán, se lamentarán y llorarán en esta vida: **"Lloraréis y os lamentaréis, pero el mundo se alegrará; y vosotros estaréis tristes".** y, sin embargo, al final **"vuestra tristeza se convertirá en alegría"** (Juan 16:20).

"Porque su ira dura solo un momento pero su favor dura toda la vida. Por la noche dura el llanto pero al amanecer vendrá la alegría".
Salmos 30:5

"Por tanto, no desmayamos; más bien, aunque se va desgastando nuestro hombre exterior, el interior, sin embargo, se va renovando de día en día. [17] Porque nuestra momentánea y leve tribulación produce para nosotros un eterno peso de gloria más que incomparable; [18] no fijando nosotros la vista en las cosas que se ven sino en las que no se ven; porque las que se ven son temporales, mientras que las que no se ven son eternas". 2 Corintios 4:16-18

ORACIÓN: *SEÑOR, por favor bendice mi espíritu para que sea templado, para que sea sobrio, para que dependa totalmente de Ti. Por favor ayúdame a descansar en Ti y a caminar inmediatamente y siempre en el Espíritu Santo, agradeciéndote y regocijándome en y por todas las tribulaciones que trabajan la paciencia y la madurez en esta vida. Gracias Jesús por conformar mi vida a tu santa imagen. En el nombre de Jesús. Amén.*

Capítulo 12

Luto vs. Alegría
Segunda Parte

Las Dos Casas: ¿En Qué Casa Pasas Más Tiempo?

"Pero él da mayor gracia. Por eso dice: Dios resiste a los soberbios pero da gracia a los humildes.[7] Sométanse, pues, a Dios. Resistan al diablo, y él huirá de ustedes. [8] Acérquense a Dios, y él se acercará a ustedes. <u>Limpien sus manos, pecadores y purifiquen su corazón, ustedes de doble ánimo</u>. [9] Aflíjanse, lamenten y lloren. Su risa se convierta en llanto, y su gozo en tristeza. [10] Humíllense delante del Señor, y él los exaltará". Santiago 4:6-10

En el reino de Cristo, aquí y ahora, "**aflíjanse, lamenten y lloren. Su risa se convierta en llanto, y su gozo en tristeza**".

Hay muertes, entierros y resurrecciones en nuestras vidas. No puede haber resurrección (alegría) hasta que no haya primero muerte y entierro (duelo). El siguiente pasaje de 2 Corintios 4 nos da el ritmo de la vida de la cruz en la economía divina. Que Dios nos bendiga a cada uno de nosotros para que entremos en esta acción evangélica. Verter en oración estas palabras de inspiración divina es seguro que será decisivo para hacer realidad la voluntad de Dios en nuestras vidas.

"Siempre llevamos en el cuerpo la muerte de Jesús por todas partes para que también en nuestro cuerpo se manifieste la vida de Jesús. 11 Porque nosotros que vivimos, siempre estamos expuestos a muerte por causa de Jesús, para que también la vida de Jesús se manifieste en nuestra carne mortal. 12 De manera que en nosotros actúa la muerte, pero en ustedes actúa la vida". 2 Corintios 4:10-12

Solo a través del estilo de vida de la cruz puede el discípulo experimentar prácticamente las riquezas de Cristo.

"Gustemos y veamos que el Señor es bueno" al renunciar a nuestra propia idea de fiesta, a la celebración excesiva de las cosas de este mundo, y bajemos a la humildad adoradora, hundiéndonos profundamente en la muerte de Cristo y permitiendo que Dios nos lleve hacia arriba a sus pródigas cámaras de deleite fructífero, un anticipo de la gloria divina. **"Gustad y ved que Jehová es bueno; dichoso el hombre que confía en él"** (Salmos 34:8).

En Eclesiastés 7, Salomón no está diciendo de ninguna manera que la celebración sea mala y, sin embargo, permitir que Dios llene nuestros corazones con Su alegría de resurrección y ocasiones de celebración es infinitamente más dulce que hacer las cosas a nuestra manera evitando perpetuamente el dolor y el luto -la muerte y el entierro- para buscar la celebración. **"Me mostrarás la senda de la vida. En tu presencia hay plenitud de gozo, delicias en tu diestra para siempre"** (Salmos 16:11).

La historia de Israel registrada en la Biblia está cargada de repetidas rebeliones y sufrieron mucho por ello. La celebración del pueblo de Dios siguió a un gran sufrimiento, ya que Dios los liberó. Cuando el SEÑOR liberó a Israel, liberándolo de la esclavitud de las naciones enemigas, como Babilonia, ellos **"fueron como los que sueñan"**, y fueron instruidos por Dios para ser fructíferos para su gloria.

Salmos 126

"Cuando el SEÑOR restauró de la cautividad a Sion nos parecía que soñábamos. ²Entonces nuestra boca se llenó de risa; y nuestra lengua, de cantos de alegría. Entonces decían entre las naciones: "Grandes cosas ha hecho el SEÑOR con estos". ³ ¡Grandes cosas ha hecho el SEÑOR con

nosotros! Estamos alegres. ⁴**Restáuranos, oh SEÑOR, de la cautividad como los arroyos en el Néguev.** ⁵**Los que siembran con lágrimas, con regocijo segarán.** ⁶**El que va llorando, llevando la bolsa de semilla, volverá con regocijo trayendo sus gavillas".**

"Convertido - Sacó a los israelitas cautivos de Babilonia a su propia tierra. Sueño - Estábamos tan sorprendidos y asombrados". –Juan Wesley

Mensaje recibido: *"Creo que hay que pasar por algunas cosas para apreciar realmente la vida y entender lo que significa perseverar, superar y tener fe".*

Respuesta del autor: *"Totalmente de acuerdo por experiencia, y estos pasajes demuestran esta verdad: 1 Pedro 5:10; Santiago 1:2-4 y Eclesiastés 7:1-8".*

A lo largo de la historia de Israel, después de recibir la victoria, el pueblo de Dios se volvía más tarde ingrato, impío, hacía las cosas a su manera en lugar de a la de Dios y se entregaba excesivamente a **"la casa de la alegría"**. Por lo tanto, se les permitió volver a la esclavitud, bajo la esclavitud del enemigo.

Jesús enseña que cada individuo a quien Él salva debe **"negarse a sí mismo, tomar su cruz cada día y** seguirme. ²⁴ Porque el que quiera salvar su vida la perderá; pero el que pierda su vida por causa de mí, la salvará" (Lucas 9:23-24).

El creyente debe vivir una vida permanente con Cristo, dando el fruto que lo atestigua (Juan 15). La Biblia está llena de advertencias sobre la deserción (Lucas 8:13). Si la deserción no fuera posible, no existirían tales advertencias en las Sagradas Escrituras.

"Por lo tanto, es necesario que con más diligencia atendamos a las cosas que hemos oído, no sea que nos deslicemos. ² Pues si la palabra dicha por los ángeles fue firme, y toda transgresión y desobediencia recibió justa retribución, ³ ¿cómo escaparemos *(juicio eterno)*, nosotros si descuidamos una salvación tan grande? Esta salvación, que al principio fue declarada por el Señor, nos fue confirmada por medio de los que oyeron;" Hebreos 2:1-3

En una nota personal: En el pasado, nunca pude y nunca fui poseído por la profunda satisfacción y plenitud que ahora llena mi vida cuando elijo hacer las cosas a la manera de Dios, y no a la mía. La cruz es el camino de Dios. Todo discípulo que lea esto, que esté aprendiendo esa verdad de la cruz, ¡puede ciertamente coincidir!

"Mejor es el fin *(resurrección)* **del asunto que el comienzo** *(muerte y entierro):* **Mejor es el de espíritu paciente que el de espíritu altivo".** **Eclesiastés 7:8**

Seguramente la resurrección es mejor, más placentera que la muerte y la sepultura, el morir, y sin embargo la resurrección *no puede ocurrir* sin que primero ocurran la muerte y la sepultura.

Adam Clarke sobre Eclesiastés 7:2:

"Es mejor ir a la casa del luto - Los cumpleaños se celebraban generalmente con gran festividad, y a ellos se refiere muy probablemente el sabio; pero según su máxima, las miserias de la vida eran tantas y tan opresivas que el día de la muerte de un hombre debía preferirse al de su nacimiento. Pero, independientemente de la alusión, es mucho más provechoso visitar la casa del luto por los muertos que la casa de la fiesta. En la primera encontramos ocasión para pensamientos y reflexiones serias y profundamente edificantes; de la segunda rara vez volvemos con un pensamiento provechoso o una impresión sólida".

Adam Clarke sobre Eclesiastés 7:4:

"El corazón del sabio está en la casa del luto - Un hombre sabio ama aquellas ocasiones de las que puede obtener una ventaja espiritual; y por lo tanto prefiere visitar a los enfermos, y simpatizar con aquellos que han sufrido privaciones por la muerte. Pero el necio -el alegre, irreflexivo y vertiginoso- prefiere los lugares y los momentos de diversión y entretenimiento. Aquí se le impide considerar seriamente ni a sí mismo ni a su último fin. El gran defecto y la desgracia de la juventud".

"Caminé una milla con Pleasure;
Ella charló todo el camino.
Pero no me dejó más sabio
Por todo lo que tenía que decir
Caminé una milla con el Dolor,
Y no dijo ni una palabra;
Pero oh, las cosas que aprendí de ella
Cuando el dolor caminó conmigo"
—Robert Browning Hamilton

"Y alzando él los ojos hacia sus discípulos, decía: "Bienaventurados ustedes los pobres porque de ustedes es el reino de Dios. 21 "Bienaventurados los que ahora tienen hambre porque serán saciados. "Bienaventurados los que ahora lloran

porque reirán. [22] "Bienaventurados son cuando los hombres los aborrecen, cuando los apartan de sí y los vituperan, y desechan el nombre de ustedes como si fuera malo, por causa del Hijo del Hombre. [23] Gócense en aquel día y salten de alegría porque he aquí su galardón es grande en el cielo; pues así hacían los padres de ustedes a los profetas. [24] "Pero ¡ay de ustedes los ricos! Porque están recibiendo su consuelo. [25] "¡Ay de ustedes, los que ahora están saciados! Porque tendrán hambre. "¡Ay de ustedes, los que ahora se ríen! Porque se lamentarán y llorarán. [26] "¡Ay de ustedes, cuando todos los hombres hablan bien de ustedes! Porque así hacían sus padres con los falsos profetas". Lucas 6:20-26

Amados de Dios, que ya no huyamos del dolor asociado a la muerte al yo. Por el contrario, abracémoslo, porque en él, en nuestra propia muerte, está el reino supremo de Cristo.

Con respecto a nuestra muerte al yo y el tesoro celestial resultante, un hermano escribe:

"En la cruz:
...surge la libertad del yo.
...surge la nueva creación.
...surge una nueva perspectiva.

...la transformación por una mente renovada surge.

...la gloria (o el "peso de la gloria") se hace realidad.

...serealiza la inmunidad (o inmunidad de resurrección) al dolor.

"La única forma real de escapar del dolor es aceptarlo. Solo empeora cuando uno utiliza formas humanas para adormecerlo o escapar de él, pasarlo o postergarlo a otra persona".

"Pero aun ahora", dice el SEÑOR, "vuélvanse a mí con todo su corazón, con ayuno, llanto y lamento:" Joel 2:12

ORACIÓN: *Padre Santo, en el nombre de Jesús, por favor perdona mis pecados, a saber, la murmuración, el adulterio espiritual, la idolatría y la incredulidad. Padre, por favor, rómpeme hasta la médula de este ser que Tú hiciste. Unge mi vida para estar verdaderamente crucificado con Cristo y agradecido en todas las cosas, sabiendo que Tú estás trabajando en mi vida y a través de todas las pruebas y tribulaciones que Tú permites. En el nombre de Jesús, amén.*

Capítulo 13

La Alegría Viene Después del Luto

"Un abismo llama a otro por la voz de tus cascadas; todas tus ondas y tus olas han pasado sobre mí". Salmos 42:7

Todos los que desean que la obra de Cristo sea más profunda, que las verdades de la vida se manifiesten en su vida personal, desean algo bueno y piadoso.

"Hazme tu auténtico discípulo", es el grito al SEÑOR de todo verdadero santo de Cristo.

Como vemos en Salmos 30:5 y otros versículos bíblicos, la alegría viene en el *luto*. Muchas veces, el rico gozo del SEÑOR no viene en las temporadas de **"alegría"**, o comodidad, facilidad, o tiempos de celebración. Más bien, el gozo nace en los tiempos de prueba mientras confiamos en Dios en la adversidad -en el **"luto"**, en los tiempos de pruebas, tribulación, ensayo, persecución, purga, sufrimiento, escarmiento, humillación y adversidad.

179

Mensaje recibido:

"La palabra de fe y los movimientos NAR no están preparando a la gente para la tribulación - y como resultado la gente se alejará durante los tiempos difíciles reales porque no creerán que el Señor les permitiría pasar por tales cosas". –Connie Russo

Respuesta del autor:

"Exactamente. Las personas que se sientan bajo los muchos falsos pastores no están listas para conocer a Cristo. Debido a mi adoctrinamiento con las herejías de la Palabra de fe, cultos NAR, en los primeros días de ser salvado, el SEÑOR tuvo que deshacer estas mentiras. Ha tomado décadas. Este es el proceso por el que el Señor tuvo que llevarme personalmente-para permitir que los sufrimientos continuos vinieran a mi vida y me enseñaran que seguirlo verdaderamente implica **'MUCHA tribulación'** *(Hechos 14:22). El sufrimiento solo prueba que uno es verdaderamente salvo (Mateo 11:12; Santiago 1:2-4; 1 Pedro 4:12-14, etc.). ¡Y los santos de Cristo deben regocijarse y saber que son* **'bendecidos'** *por ser perseguidos por causa de Cristo!"*

"Bienaventurados los que son perseguidos por causa de la justicia, porque de ellos es el reino

de los cielos. [11] "Bienaventurados son cuando los vituperen y los persigan, y digan toda clase de mal contra ustedes por mi causa, mintiendo. [12] Gócense y alégrense, porque su recompensa es grande en los cielos; pues así persiguieron a los profetas que fueron antes de ustedes". Mateo 5:10-12

En el Reino de Cristo, el Único Camino Hacia Arriba es Hacia Abajo

En el reino de Cristo, el único camino hacia arriba es hacia abajo, y los sufrimientos, la muerte y la sepultura.

Mientras adoramos, buscamos y servimos al SEÑOR, no importa qué pruebas vengan a nuestro camino, ¡la alegría viene *en* el duelo y después!

"Acérquense a Dios, y él se acercará a ustedes. Limpien sus manos, pecadores y purifiquen su corazón, ustedes de doble ánimo. [9] Aflíjanse, lamenten y lloren. Su risa se convierta en llanto, y su gozo en tristeza *(la cruz)*. [10] Humíllense delante del Señor, y él los exaltará *(resurrección)*". Santiago 4:8-10

"Porque su ira *(por nuestro pecado)* dura solo un momento pero su favor dura toda la vida.

Por la noche dura el llanto pero <u>al amanecer vendrá la alegría</u>". Salmos 30:5

La adversidad es la mayor aula de aprendizaje, no la comodidad y la facilidad.

"En esto se alegran, a pesar de que por ahora, si es necesario, estén afligidos momentáneamente por diversas pruebas, ⁷ para que la prueba de su fe —más preciosa que el oro que perece, aunque sea probado con fuego—sea hallada digna de alabanza, gloria y honra en la revelación de Jesucristo". 1 Pedro 1:6-7

El Señor es tan misericordioso que nos da su alegría durante y después de las temporadas de llanto/luto.

"Has convertido mi lamento en una danza; quitaste mi *vestido de luto* (*se refiere a un tiempo de arrepentimiento*) y me ceñiste de alegría". Salmos 30:11

Aquí vemos cómo Dios viste a Su pueblo con Su justicia cuando se presenta ante Él en verdadero arrepentimiento.

Si no estoy buscando verdaderamente el rostro del Señor, comprometiéndome diariamente en la relación vivificante que Él desea, estoy simplemente pasando por movimientos religiosos, tengo un corazón endurecido, y una mera **"forma de piedad"** (1 Crónicas 16:11; Salmos 27:4, 8; Filipenses 3:10 y 2 Timoteo 3:5).

Me viene a la mente Oseas 10:12: **"Siembren para ustedes justicia y sieguen lealtad. Abran surcos porque es tiempo de buscar al SEÑOR, hasta que venga y haga llover justicia para ustedes"** (Oseas 10:12).

El acercamiento a Dios comienza con el arrepentimiento y la recepción de Jesús en el momento en que Él nos salva. Sin embargo, el acercamiento continuo al Señor, después de la salvación inicial, se enseña en toda la Escritura y es esencial en la relación permanente que Jesús ordenó para cada uno de sus hijos (Juan 15). Leamos de nuevo este importantísimo pasaje. A los suyos, a través de Santiago, el SEÑOR les llama:

"Acérquense a Dios, y él se acercará a ustedes. Limpien sus manos, pecadores y purifiquen su corazón, ustedes de doble ánimo. 9 Aflíjanse, lamenten y <u>lloren</u>. Su risa se convierta en llanto, y su gozo en tristeza *(la cruz)*. 10 **Humíllense delante del Señor, y él los exaltará** *(resurrección)"*. **Santiago 4:8-10**

Ser **"de doble ánimo"** significaría estar de otra manera que armado con la mente de Cristo, de mente cruzada. Debes consentir a la muerte de tu propia voluntad antes de que el SEÑOR te llene de fe y te eleve en Su gracia para hacer Su voluntad.

¿No es en el lugar de la aflicción que nuestros corazones se abren para aprender verdaderamente, para ser fecundados-para que la Palabra sea verdaderamente injertada en nuestras vidas? A medida que somos bendecidos para caminar a través de temporadas de pruebas, la gracia divina estará presente **"desechando toda suciedad y la maldad que sobreabunda, reciban con mansedumbre la palabra implantada la cual puede salvar su vida"** (Santiago 1:21).

Es obvio que el salmista entendió esta verdad: **"Bueno me es haber sido afligido para que aprenda tus leyes"** (Salmos 119:71).

Las Escrituras nos enseñan claramente que si queremos ser consolados, primero debemos llorar en arrepentimiento por nuestro pecado. No habrá levantamiento hasta que no haya primero una deposición. La vida solo puede surgir de la muerte (Juan 12:24-25; 1 Corintios 15:36).

El Espíritu Santo nos dice a través del apóstol Pedro que hay cuatro cosas que suceden después de que sufrimos un tiempo en Cristo: **"Y cuando hayan padecido por un poco de tiempo, el Dios de toda gracia, quien los ha llamado a su eterna gloria en Cristo Jesús, él mismo los restaurará, los afirmará, los fortalecerá y los establecerá"** (1 Pedro 5:10).

La transformación de la resurrección en forma de maduración, solidificación, enraizamiento, fuerza y alegría viene solo y **"después"** de que nos lamentemos en nuestros sufrimientos, elijamos el arrepentimiento y nos sometamos a la muerte de la vida propia.

¡Luto por Alegría!

> *"El amor es la clave. La alegría es el amor que canta. La paz es el amor que descansa. La paciencia es el amor que perdura. La bondad es la verdad del amor. La bondad es el carácter del amor. La fidelidad es el hábito del amor. La mansedumbre es el olvido del amor".* –Donald G. Barnhouse

Debemos estar dispuestos a **"llorar"** para experimentar el consuelo y la alegría divinos. Las épocas de sufrimiento son una bendición, ya que ayudan a nuestra muerte y sepultura, que precede a la vida de resurrección de Cristo que nos eleva (2

Corintios 4:8-12). **"El que está muerto está liberado del pecado"** (Romanos 6:7). El discípulo debe estar dispuesto y ser obediente para hacer las cosas a la manera de Dios: morir para experimentar la resurrección.

"Si quieren y obedecen, comerán de lo mejor de la tierra. ²⁰ Pero si rehúsan y se rebelan, serán consumidos por la espada; porque la boca del SEÑOR ha hablado". Isaías 1:19-20

"Bienaventurados los que lloran, porque serán consolados" (Mateo 5:4). El **"consuelo"** de la gracia de la resurrección de Cristo en nuestras vidas no tiene precio. No importa lo que estemos atravesando, Su consuelo nos llenará mientras permanezcamos arraigados y cimentados en la cruz que Él prescribió (Lucas 9:23-24).

Como discípulo de Jesús, vamos a ser perseguidos y, sin embargo, ¡podemos consolarnos con su consuelo!

"No me importa quién me odia. Me importa quién me ama. Especialmente, cuando el que me ama tiene poder sobre el que me odia". –Juan Cameron

Las palabras **"llorar"** y **"duelo"** aparecen 96 veces en la Palabra de Dios. ¿Has escuchado alguna vez un mensaje al respecto?

Lamentablemente, la doctrina bíblica del luto no se encuentra en ninguna parte en la iglesia moderna, junto con la doctrina del sufrimiento. ¿Por qué? Bueno, estas verdades no entretienen a las cabras que los pastores modernos han acorralado engañosamente para sus propios propósitos (Isaías 30:9-10; Filipenses 3:18-19; 2 Timoteo 4:2-4).

> *"Una iglesia alimentada por la excitación no es en absoluto una iglesia del Nuevo Testamento. El deseo de estimulación superficial es una marca segura de la naturaleza caída. La misma cosa de la que Cristo murió para librarnos".* –A.W. Tozer

¿Fiesta o Hambre?

¿Has notado que la mayoría de los mensajes de la <u>iglesia moderna apóstata</u>, se centran en la fiesta y nunca en el luto? Su asignación de Satanás es engañar, trayendo finalmente la condenación. Lee atentamente el siguiente tesoro de un pasaje, notando lo que es **"mejor"**:

"<u>Mejor</u> es ir a la casa de duelo que a la casa del banquete. Porque eso es el fin de todos los

hombres, y el que vive lo tomará en serio. ³ Mejor es el pesar que la risa, porque con la tristeza del rostro se enmienda el corazón. ⁴ El corazón de los sabios está en la casa del duelo, pero el corazón de los necios está en la casa del placer. ⁵ Mejor es oír la reprensión del sabio que oír la canción de los necios". Eclesiastés 7:2-5

A todos nos gusta estar en una celebración, ¿verdad? Sin embargo, solo aquellos que conocen y caminan sinceramente con el Señor -en sus términos- reciben de Él un corazón limpio de contrición y, por lo tanto, pueden disfrutar verdaderamente de los tiempos de celebración.

Tal vez, cuando comencemos a comprender esta verdad divina de ser despojados, y apreciemos el resultado de la misma, comenzaremos a dar la bienvenida a los tiempos de luto, pruebas, llanto y arrepentimiento para volver al SEÑOR como nuestro **"primer amor"** (Apocalipsis 2:4-5).

"Las marcas de los azotes purifican del mal, y los golpes purifican al corazón". Proverbios 20:30

¿Recuerdas cuando te castigaban de pequeño? ¿Recuerdas cómo llorabas en tu habitación, reflexionando sobre tu ofensa? Luego, ¿recuerdas lo internamente limpio y bien adaptado que te sentiste después? **"La insensatez está ligada al corazón del joven, pero la vara de la disciplina la hará alejarse de él"** (Proverbios 22:15).

Lamentablemente, hay pocos que enseñan la cruz hoy en día. La mayoría de los predicadores buscan mantenerte en la casa o en el reino de la fiesta en lugar de llorar por tus pecados. Ellos miman a sus presas en sus pecados, y la mayoría nunca enseñan lo que la Palabra de Dios establece claramente sobre la santidad, el caminar en el santo temor de Dios, la cruz diaria, el anticiparse y prepararse ansiosamente para el regreso de Cristo, etc. Están predicando **"otro evangelio"** que es un evangelio falso y son **"malditos"** (Gálatas 1:6-9). Al hacer esto, los que patrocinan estos negocio$$ de la iglesia están empantanados en sus pecados, incapaces de superar, **"que siempre están aprendiendo y nunca logran llegar al conocimiento de la verdad"** (2 Timoteo 3:7).

Vencer la carne, caminar en la victoria, requiere deleitarse continuamente en el SEÑOR, adorarle "en espíritu y en verdad" (Juan 4:23-24).

Dios nunca nos resucitará mientras estemos vivos bajo nuestro propio poder, haciendo nuestras propias cosas, operando por una agenda propia. Ríndete. **"Pero aun ahora", dice el SEÑOR, "vuélvanse a mí con todo su corazón, con ayuno, llanto y lamento"** (Joel 2:12).

El ayuno es la obediencia del luto autoinfligido (muerte y sepultura), una puesta a muerte de la vida propia, en cumplimiento del mandato divino declarado: el mandato de Dios de negarse a sí mismo, tomar la cruz y seguir a Cristo (Lucas 9:23-24; Romanos 6; Gálatas 5:24). La resurrección vendrá después (2 Corintios 4:10-12).

Algunos insisten en la fiesta continua o en el consuelo a corto plazo, en la celebración. Aunque la celebración por cosas específicas es un don de Dios, el querer estar *siempre* celebrando parece identificar un problema más profundo del corazón -una falta de comprensión del principio de la cruz- donde el santo muere hacia abajo, y Dios lo levanta hacia arriba.

Hasta que no comprendamos y experimentemos Su cruz en nuestra vida diaria, nada va a funcionar como Dios quiere. Esta es la oración de Jesús: **"Padre, si quieres, aparta de mí esta copa; <u>pero no se haga mi voluntad sino la tuya</u>"** (Lucas 22:42).

¿Estás dispuesto a rezar esta oración hoy? ¿Estás dispuesto a declarar al Señor **"no se haga mi voluntad, sino la tuya"**?

Los que no acampan en este mensaje de la cruz, sino que buscan eludirlo, no experimentarán la victoria que Cristo murió para procurar a sus amados santos. Solo si se inclinan hacia abajo, Dios elevará a su pueblo a lo alto. Esta es la muerte, la sepultura y la resurrección en nuestra vida diaria.

Juan el Bautista declaró: **"Es necesario que él crezca, pero que yo disminuya"** (Juan 3:30). ¿Has declarado esto hoy?

Aunque casi nunca se escucha en la iglesia moderna, el mensaje de la cruz es la pieza central insustituible del Evangelio original.

"Con Cristo he sido juntamente crucificado; y ya no vivo yo sino que Cristo vive en mí. Lo que ahora vivo en la carne, lo vivo por la fe en el Hijo de Dios quien me amó y se entregó a sí mismo por mí". Gálatas 2:20

"Siempre llevamos en el cuerpo la muerte de Jesús por todas partes para que también en nuestro cuerpo se manifieste la vida de Jesús. 11 Porque nosotros que vivimos, siempre

estamos expuestos a muerte por causa de Jesús, para que también la vida de Jesús se manifieste en nuestra carne mortal. [12] De manera que en nosotros actúa la muerte, pero en ustedes actúa la vida". 2 Corintios 4:10-12

"Porque han muerto, y su vida está escondida con Cristo en Dios". Colosenses 3:3

ORACIÓN: *Señor, yo no soy mío, pero ahora soy comprado por el precio final de tu preciosa sangre querido Señor Jesús. Ahora mismo, y de ahora en adelante SEÑOR Jesús, Tú debes aumentar pero yo debo disminuir. Sobeit. En el nombre de Jesús.*

Capítulo 14

La Importancia del Estudio Bíblico Personal y Orgánico

"<u>Probada es toda palabra de Dios;</u> él es escudo *(protección)* a los que en él se refugian. ⁶ No añadas a sus palabras, no sea que te reprenda y seas hallado mentiroso". Proverbios 30:5-6

La pureza y la autenticidad son inseparables. "**Consérvate puro**" (1 Timoteo 5:22).

El discernimiento divino y la inoculación de la infección viral herética viene del estudio, del conocimiento de la Palabra de Dios por uno mismo, ¡orgánicamente!

"**Bienaventurados los puros de corazón, porque ellos verán a Dios**" (Mateo 5:8). ¡Estudiar la Biblia, las palabras puras de Dios orgánicamente, significa simplemente estudiar la Palabra de Dios sin la influencia, la mancha de meros hombres! No hay otro camino para "**ver a Dios**" que ser "**puro de corazón**".

La Palabra de Dios es tu vida (Proverbios 4:20-23). La Palabra es tu "**pan de cada día**", y tu vida depende de conocerla y obedecerla (Mateo 6:11). Conocer y adherirse a la Sagrada Escritura es tu protección (Proverbios 30:5-6).

Debemos obedecer el hambre y la sed que el Señor nos dio al salvarnos para leer y estudiar vorazmente su Palabra (1 Pedro 2:2; 2 Timoteo 2:15).

Como discípulos de Jesús, nuestras mañanas -cada mañana- comienzan en comunión con Jesús y el Padre, sin excepción.

En una discusión de compañerismo muy atractiva una mañana con un querido hermano en Cristo, fue una bendición presenciar su enfoque bereano hacia el SEÑOR y Su reino (Hechos 17:10-11). El estaba factorizando todo lo que discutíamos con las Escrituras, deteniéndose a meditar y a citar las Sagradas Escrituras. ¿Alguien se acuerda de 2 Timoteo 3:16-17? ¡Amén Jesús!

Dios nos dio Su Palabra en formato escrito para que no hubiera confusión, ni excusa en el Día del Juicio (Juan 12:48; Romanos 2:16; 1 Corintios 14:33; 2 Timoteo 3:16-17, etc.). La Palabra de Dios es la base por la cual el SEÑOR juzgará a cada uno de nosotros.

Si en el esfuerzo del ministerio, no he logrado que la gente se meta en la Palabra de Dios por sí misma, ¡soy un completo fracaso! ¡Que Dios tenga misericordia!

El estudio bíblico orgánico, el compañerismo orgánico, y el ministerio orgánico simplemente se refiere a ser **"sin aditivos extraños - venenos, mancha, puro"**. Que Jesús bendiga a su pueblo con absoluta autenticidad.

Tantos entre nosotros están viviendo vidas desperdiciadas-vidas que han sido seducidas en sistemas de teología, que contienen venenos en el estanque de su cuerpo de verdad (el conjunto de lo que creen).

Santos, tengamos cuidado con los gráficos y sistemas que los hombres crean para "ayudar a la gente a entender mejor la Biblia". ¡BANDERA ROJA! Dios ha ordenado, mandado que aprendas directamente de Él y por eso tienes acceso a Su Palabra. Tienes una Biblia. Estúdiala por ti mismo. Tu conocimiento y entendimiento de Dios debe venir necesariamente de tu propio estudio personal y diario de Su Palabra. **"Procura presentarte a Dios aprobado, como obrero que no tiene de qué avergonzarse, que usa rectamente la palabra de verdad"** (2 Timoteo 2:15). Los cultos anticristos en nuestro medio que empujan el uso de sus tablas y sistemas teológicos incluyen a los dispensacionalistas demoníacos, y a muchos de los lobos de la escatología (tiempos finales).

Debemos obtener nuestra teología, nuestro conocimiento de Dios, directamente de la Palabra de Dios solamente. Debemos aprender del SEÑOR, aprender por nosotros mismos quién es el SEÑOR y lo que Él dijo, y dejar de seguir las filosofías, nociones, sistemas y tablas del hombre. Cuando los Bereanos probaron lo que Pablo enseñaba, ellos no sacaron un mero sistema de hombre, teología, o una tabla. No, ellos **"escudriñaban cada día las Escrituras"** para ver si Pablo estaba predicando la verdad (Hechos 17:10-11).

Muchos creyentes han sido engañados por las enseñanzas, las tablas y los sistemas de hombres malvados que se hacen pasar por ancianos de Cristo. ¡Huye de ellos! Detente y piensa: *"¿Por qué esos hombres construyeron un sistema, una teología, una tabla para que la siguieras en lugar de exhortarte a estudiar el tema en la Palabra de Dios por ti mismo, tal como Dios te ordenó que hicieras?"* La única razón por la que los lobos crean sistemas y tablas es para que creas tus errores y para desviar a la gente crédula que se niega a estudiar la Palabra de Dios por sí misma (2 Timoteo 2:15).

Si un hombre no está en la Palabra, aprendiendo la Palabra y meditando en la Palabra, ¡no tiene por qué actuar como si estuviera ministrando para Cristo! El conocimiento de Dios de tal hombre es de segunda mano en el mejor de los casos. ¡Hoy es el día para volver al SEÑOR y meterse en Su Palabra con abandono temerario! ¡Piérdete en ella y entonces y solo entonces entrará en ti! (2 Timoteo 2:15)

Después de confrontar a una dama (que estaba siendo engañada por lobos dispensacional), exhortándola a estudiar la Palabra de Dios orgánicamente por sí misma en lugar de a través de los lobos, ella dijo:

"No podemos reclamar toda la Biblia para nosotros. No todos tenemos que salir a construir arcas... Las epístolas de Pablo son diferentes por una razón como con Hebreos".

La respuesta dada:

"Estás utilizando un mero razonamiento humano. El Espíritu Santo y las Sagradas Escrituras son nuestros Maestros, no simples hombres. Pablo le dijo a Timoteo que estudiara la Palabra de Dios por sí mismo (2 Timoteo 2:15). Sí, nosotros, como el verdadero cuerpo de Cristo, debemos morar ricamente en la Palabra de Dios y, sin embargo, lamentablemente, has sido engañado por un enemigo de Cristo, un falso maestro, que no es del cuerpo de Cristo, sino más bien uno de los lobos de los que Jesús y sus apóstoles nos

advirtieron tan a menudo (Hechos 2:42; Colosenses 3:17, etc.)".

Al contrario de los apóstoles de Jesús, la mayoría de los ministerios y ministros de hoy fomentan intencionalmente en su mercado objetivo, su presa, una dependencia de ellos y no de Cristo. Quieren atraer y seducir con el fin de crear un seguimiento, una base de clientes de la repetición, y construir su iglesia o negocio$$ del ministerio. Cuidado santos.

¿Eres **"enseñado por Dios"** o eres enseñado por el hombre? Ver Juan 6:45; 1 Tesalonicenses 4:9.

"Dice, pues, el Señor: "Porque este pueblo se acerca con su boca y me honra solo con sus labios; pero su corazón está lejos de mí, y su temor de mí está basado en mandamientos de hombres:" Isaías 29:13

Aquellos que no son diligentes, diariamente en la Palabra de Dios para ellos mismos son patos sentados para que un engañador venga en su vacío y llene el vacío con herejía. Es muy probable que suceda si no lo ha hecho ya. Amado de Dios, si deseas perdurar hasta el final, debes llenar personalmente tu corazón y tu mente con la Palabra de Dios o serás entregado al "fuerte engaño" (2 Tesalonicenses 2:9-12). ¡Dios lo toma personalmente cuando una persona elige no amar Su verdad!

"Procura con diligencia presentarte a Dios aprobado, como obrero que no tiene de qué avergonzarse, que traza bien la palabra de verdad". 2 Timoteo 2:15

La naturaleza individual de esta instrucción se introduce al principio de este versículo: "**Procura con diligencia presentarte a Dios aprobado**". *Hazlo* tú.

Sin embargo, en lugar de estudiar personalmente la Biblia de manera orgánica, algunos quieren un atajo y entonces quedan atrapados en la red de algún ministerio que está impulsando un sistema, pretendiendo facilitarles la comprensión de la Biblia. La pereza también es un factor que contribuye cuando los hombres eligen ir al seminario-para supuestamente estudiar un libro que han tenido en su poder durante toda su vida. En el seminario pagan mucho dinero para que otra persona les diga lo que dice en lugar de simplemente leerlo por sí mismos. En el seminario se alistan y pagan para ser adoctrinados.

Santos de Cristo, tengan en cuenta que hombres astutos, operando como pastores cristianos, autores, cantantes, etc., pueden hacer que casi cualquier cosa parezca bíblica. Ellos realizan este juego de manos, este engaño al desviar selectivamente versos de la Biblia para hacer su punto, para hacer que su herejía o tradición herética parezca legítima. Sin embargo, lo hacen excluyendo la totalidad de las Escrituras, que esperan que no estudies a fondo.

Estos son los mismos lobos con piel de oveja de los que hemos sido advertidos. Se aprovechan de la ignorancia de sus presas (Oseas 4:6). Debemos poner a prueba a los espíritus preguntando si su doctrina está o no declarada de forma expresa, directa y explícita en toda la Sagrada Escritura, tal y como hicieron los discípulos de Berea cuando Pablo vino a predicar (Hechos 17:10-11; 1 Juan 4:1).

De nuevo, casi cualquier cosa puede ser extrapolada y supuestamente "probada" usando Escrituras selectas y, sin embargo, ¿es eso lo que comunica toda la Escritura? Prueba. Discierne. Hay que tener cuidado con los manipuladores de prestidigitación que solo visitan, citan y reconocen las partes de la Biblia que desean para manipular a su audiencia. **"Amados, no crean a todo espíritu, sino prueben si los espíritus son de Dios. Porque muchos falsos profetas han salido al mundo"** (1 Juan 4:1).

Hoy, el *verdadero* cuerpo de Cristo, está **"Mirando a Jesús"** y no a simples hombres (Hebreos 12:1-3). **"Sabiendo que del Señor recibiréis la recompensa**

de la herencia, pues servís al Señor Cristo"
(Colosenses 3:24).

¡No dependes de simples hombres, ministros o
ministerios, sino del SEÑOR tu Dios y Salvador-Jesús!

**"Por precio fueron comprados; no se hagan
esclavos de los hombres". 1 Corintios 7:23**

Uno de los grandes engaños en la "iglesia" de hoy es que
muchos "pastores" afirman verbalmente que la Palabra
de Dios es la máxima autoridad, y luego se aferran a
algo que contradice la Palabra de Dios. Cuando se les
confronta, abandonan la Palabra de Dios por su
tradición, su herejía o doctrina de hombres. Esto es
exactamente lo que Jesús citó a los falsos líderes de Su
tiempo por hacer (Marcos 7:6-9, 13).

Muchos desean estar ligados al infierno, a la mentira, a
la falsedad. Se aferran a sus tradiciones heréticas,
dejando de lado la misma Palabra de Dios para hacerlo
(Marcos 7:6-9).

**"Porque han dicho: "Hemos realizado un pacto
con la muerte; con el Seol hemos hecho un
convenio. Cuando pase el torrente arrollador, no
llegará a nosotros; porque hemos puesto al
engaño como <u>nuestro refugio, y en la mentira
nos hemos escondido</u>:" Isaías 28:15**

El Miedo a Dios

Un ejemplo de esta manipulación y aislamiento de las Escrituras es la vaca sagrada, la doctrina del becerro de oro de la seguridad eterna, también llamada una vez salvado siempre salvado. Cualquier persona que crea la herejía demoníaca de la seguridad eterna incondicional, no temerá a Dios, **"No hay temor de Dios ante sus ojos"** (Romanos 3:18), ni tomará en serio el pecado como lo hace Dios, que es **"Santo, santo, santo"** (Isaías 6:3; Apocalipsis 4:8).

Para librarse de **"las trampas de la muerte"** hay que temer al SEÑOR. **"El temor del SEÑOR es fuente de vida, para apartarse de los lazos de la muerte"** (Proverbios 14:27).

Orar en el nombre de Jesús al Padre, pidiéndole que te ayude a no dejarte engañar, es vital. **"Buscad en el libro del SEÑOR y leed: ninguno de ellos fallará"** (Isaías 34:16).

Muchos hoy en día prefieren encontrar a alguien que les diga lo que dice la Biblia en lugar de estudiarla por sí mismos. Un error mortal. El infierno está lleno de personas que hicieron esto-en lugar de buscar al SEÑOR fervientemente, diariamente, diligentemente por sí mismos como Él nos instruyó a hacer (2 Timoteo 2:15).

Si una persona no está en la Palabra, aprendiendo la Palabra y meditando en la Palabra, no tiene que actuar como si estuviera ministrando para Cristo. El conocimiento de Dios de tal persona es de segunda mano en el mejor de los casos. La sabiduría sería arrepentirse ahora y entrar en la Palabra de Dios con un abandono temerario. Cuando entremos en la Palabra, entonces y solo entonces entrará en nosotros. Ver 2 Timoteo 2:15.

Amigo, si no estudias personalmente y con diligencia la Palabra escrita de Dios, perderás una miríada de bendiciones divinas y serás engañado, y al final **"destruido"** (2 Tesalonicenses 2:9-12; Oseas 4:6; Mateo 22:29; 2 Timoteo 2:15; 3:16-17).

"Toda la Escritura es inspirada por Dios y es útil para la enseñanza, para la reprensión, para la corrección, para la instrucción en justicia, [17] a fin de que el hombre de Dios sea perfecto, enteramente capacitado para toda buena obra". 2 Timoteo 3:16-17

Cuanto menos intervenga el hombre, mejor. Estudiar la Biblia orgánicamente es el mejor método, a fondo, tópicamente, apilando Escritura sobre Escritura. **"Porque mandato tras mandato, mandato tras mandato; línea tras línea, línea tras línea; un poquito allí, un poquito allí"** (Isaías 28:10).

La Escritura nos enseña cómo descifrar la verdad en 1 Corintios 2:13: **"De estas cosas estamos hablando, no con las palabras enseñadas por la sabiduría humana, sino con las enseñadas por el Espíritu, interpretando lo espiritual por medios espirituales"** (1 Corintios 2:13).

La Biblia es su propio diccionario incorporado. Las definiciones de los diccionarios también pueden ayudar a veces y, sin embargo, deben tomarse con medida, en consideración, y no confiar plenamente en ellas. El objetivo es ver lo que se transmite en oración y a través de un estudio diligente y minucioso de la totalidad de la Palabra de Dios. Es la experiencia y la opinión de este autor que el *Diccionario Americano de Webster* de 1828 es el mejor.

Lo que sucede en la mayoría de las iglesias modernas apóstatas es el adoctrinamiento-no el verdadero aprendizaje de la Biblia. La gente está siendo envenenada por las doctrinas de los hombres y los demonios.

¿Tienes una Biblia? Bien. Léela por ti mismo (2 Timoteo 2:15). Dejemos de confiar en simples hombres para que nos enseñen lo que solo las Escrituras y el Espíritu Santo que las dio pueden enseñarnos.

El Señor que te compró con Su sangre quiere que seas enseñado por Él y la única manera de que eso ocurra correctamente es si haces de Su Palabra tu autoridad final y vives como ella estudiándola diariamente (2 Timoteo 2:15).

Deja que la Biblia hable por sí misma. Si alguien está tratando de convencerte de que la Biblia dice algo en lugar de dejar que Dios hable por sí mismo -dejando que Su Palabra te hable- eso debería ser una bandera roja. Hay muchas voces que dicen *"la Biblia dice"*, pero hasta que no lo contemples personalmente con tus propios ojos en la Palabra de Dios, no deberías aceptarlo. **"En boca de dos o tres testigos toda palabra será confirmada"** (2 Corintios 13:1).

Nosotros, como hombres, podemos encontrar las Escrituras para justificar casi cualquier cosa. Los hombres pueden extrapolar y "probar" engañosamente casi cualquier cosa usando la mezcla correcta de la Escritura tomada fuera del contexto de lo que la totalidad de la Escritura enseña.

Atención: Está bien que todos nos humillemos y seamos enseñables. Todos tenemos mucho que aprender (Proverbios 1:5; 15:32).

La Biblia nos Enseña a Interpretarla

No se necesita el griego o el hebreo y ciertamente no es la regla principal de interpretación. Debemos tomar la Palabra de Dios preservada por lo que establece claramente en nuestro propio idioma, mientras compilamos, componemos, juntamos y comparamos minuciosamente Escritura con Escritura (Isaías 28:16; 1 Corintios 2:13). Este es el método bíblicamente revelado de prioridad en la aprehensión de la verdad, la más alta regla declarada de interpretación de la verdad. Es esencial una recopilación exhaustiva de todas las Escrituras relativas al tema en cuestión.

Solo porque el libro de alguien, un sitio web, o algún hombre de pie en un púlpito dice algo, de ninguna manera lo hace cierto. Debes **"probar todas las cosas"** y solo retener la verdad. **"Probadlo todo; retened lo que es bueno"** (1 Tesalonicenses 5:21).

"Entonces, sin demora, los hermanos enviaron a Pablo y Silas de noche a Berea; y al llegar ellos allí, entraron a la sinagoga de los judíos. ¹¹ <u>Estos eran más nobles que los de Tesalónica, pues recibieron la palabra ávidamente, escudriñando cada día las Escrituras para verificar si estas cosas eran así</u>". Hechos 17:10-11

Dios te dio Su Palabra, para que confíes en *Él*, no en hombres o ministerios: **"Para que vuestra fe no se apoye en la sabiduría de los hombres, sino en el poder de Dios"** (1 Corintios 2:5).

ORACIÓN: *Señor, quiero pedirte que circuncidas mi corazón, que cortes todo el engaño que aquí y ahora denuncio. Por favor, concede a mi corazón un profundo deseo de aprender toda Tu Palabra, de ser minucioso, honesto y exhaustivo en el estudio de Tus benditos preceptos. En el nombre de Jesús.*

Capítulo 15

Auténticamente Honesto

"Por eso confesaré mi iniquidad; me acongojaré por mi pecado". Salmos 38:18

Siempre debemos CONFESAR y no CUBRIR nuestros pecados. Piensa: Honestidad.

Los auténticos seguidores de Jesús no se excusan por el pecado. No, ellos van inmediatamente a Cristo en arrepentimiento, reciben su perdón misericordioso y ponen sus vidas ante Él, de nuevo.

Como David, que clamó a Dios en arrepentimiento después de haber pecado, cada uno de nosotros tiene razones más que abundantes para clamar a Dios. Lee el Salmo 51.

El hombre según el corazón de Dios admitió y confesó fácilmente sus pecados. No los cubrió porque David eligió ser honesto ante el SEÑOR. También entendió que el SEÑOR lo ve todo, y nada se le puede ocultar. Hoy harías bien amigo en declarar estas mismas palabras encerradas en la Escritura como lo hizo el amado David: **"Porque declararé mi iniquidad; me arrepentiré de mi pecado"** (Salmos 38:18).

"Mi pecado te declaré y no encubrí mi iniquidad. Dije: "Confesaré mis rebeliones al SEÑOR". Y tú perdonaste la maldad de mi pecado. Selah[6] **Por eso orará a ti todo fiel en el tiempo en que puedas ser hallado** *(antes de que sea demasiado tarde):* **Ciertamente en la inundación las caudalosas aguas no llegarán a él".** Salmos 32:5-6

El alejamiento de toda iniquidad debe comenzar con la convicción divina y que Dios nos bendiga para que seamos transparentes con Él: auténticos, puros, honestos.

"A pesar de todo, el sólido fundamento de Dios queda firme, teniendo este sello: Conoce el Señor a los que son suyos y "Apártese de iniquidad todo aquel que invoca el nombre del Señor". 2 Timoteo 2:19

Apartarse de la iniquidad es el mandato divino para **"todo aquel que lleva el nombre de Cristo".** Nunca debemos excusar el pecado ni tratar de cubrirlo.

Jesús citó dos cualidades elegidas de aquellos que estarán con Él eternamente: **"Pero en cuanto a la parte que cayó en buena tierra, estos son los que, al oír con corazón bueno y recto, retienen la palabra oída y llevan fruto con perseverancia"** (Lucas 8:15).

Elegir adorar, servir al SEÑOR **"con un corazón honesto y bueno"** es esencial para la gloria eterna.

No podemos ser libres hasta que seamos honestos.

> **"Ahora es el juicio de este mundo. Ahora será echado fuera el príncipe de este mundo. [32] Y yo, cuando sea levantado de la tierra, atraeré a todos a mí mismo. [33] Esto decía dando a entender de qué muerte había de morir".** Juan 12:31-33

Jesús juzgó el pecado en la cruz, por lo que no tenemos que ser juzgados por nuestro pecado, si admitimos, nos arrepentimos y confesamos (Proverbios 28:13; 1 Juan 1:9, etc.).

Las exigencias de la justicia del Padre para redimir a la humanidad solo y exclusivamente podían ser satisfechas por el sacrificio perfecto de su Hijo unigénito (2 Corintios 5:19). En la única base de la perfección del SEÑOR Jesús, el Cordero de Dios que derramó su sangre en esa cruz por nuestros pecados, radica nuestra redención.

Hasta que la realidad de lo pecador, lo desesperado, lo depravado que somos en comparación con la inigualable santidad de Dios comienza a establecerse, somos incapaces de comenzar a apreciar las grandes bendiciones de la redención de Cristo. Es posible que desee hacer una pausa y orar por esta realización amado.

Un buen comienzo hacia la autenticidad incluiría una confesión honesta, reconociendo ante Dios que no eres digno de nada más que la destrucción y la condenación y que sin el sacrificio perfecto de Cristo, estás condenado. La acción de gracias por su **"inefable don"**, que es Cristo, es necesaria *cada día* para cada uno de nosotros (2 Corintios 9:15).

Parece que la naturaleza humana caída se esconde en nuestro pecado, nuestras inclinaciones inicuas, en lugar de simplemente detenerse y pedir al SEÑOR, orando algo como: *Padre Celestial, ¿podrías por favor cambiarme de adentro hacia afuera con respecto con este asunto relacionado a _____? Por favor, haz un trabajo profundo en mi corazón querido Padre en el nombre de Jesucristo. Amén.*

Salvado por la Divina Misericordia

"Y cuando hubo hecho la purificación de nuestros pecados, se sentó a la diestra de la Majestad en las alturas". Hebreos 1:3

Nuestra salvación fue ganada, merecida solo por Cristo, no por nosotros mismos. **"Pero todos nosotros somos** como una cosa inmunda, y todas nuestras justicias son como trapos de inmundicia..." (Isaías 64:6).

"Él nos salvó, no por las obras de justicia que nosotros hubiéramos hecho, sino según su misericordia; por medio del lavamiento de la regeneración y de la renovación del Espíritu Santo [6] que él derramó sobre nosotros abundantemente por medio de Jesucristo nuestro Salvador. [7] Y esto para que, justificados por su gracia, seamos hechos herederos conforme a la esperanza de la vida eterna". Tito 3:5-7

¿Seguimos pensando que somos dignos de ser perdonados y salvados? .... No. ¡Dios lo hizo por su puro amor! ¿Podemos examinar esa idea?

"Como está escrito: No hay justo ni aun uno:" Romanos 3:10

"Yo no soy digno de todas las misericordias y de toda la fidelidad con que has actuado para con tu siervo. Con solo mi cayado pasé este Jordán, y ahora tengo dos campamentos". Génesis 32:10

"Yo sé que en mí —a saber, en mi carne— no mora el bien. Porque el querer el bien está en mí, pero no el hacerlo". Romanos 7:18

La verdad no hace a nadie libre hasta que se arrepiente, la abraza y la obedece (Juan 8:31-32).

Una vez que te arrepientes (vuelves) al SEÑOR y confiesas tus pecados, OTROS que la blasfemia del Espíritu Santo, ¿qué pecado hay que tú o cualquier otra persona cometió que es imperdonable? Ninguno. Podemos ir al trono de Su gracia **"para obtener misericordia y hallar gracia, para ayudar en el tiempo de necesidad"**. En Cristo, en Su trono de gracia, no de juicio, recibimos estos dones (Hebreos 4:14-16). Como resultado de Su misericordia y gracia recibidas, podemos dejarlo todo, ser limpiados hasta el fondo de nuestra conciencia y seguir adelante (Filipenses 3:13-14; Hebreos 9:14; 1 Juan 1:9, etc.).

¡La Divina Misericordia por la Sangre del Cordero!

"No ha hecho con nosotros conforme a nuestras iniquidades ni nos ha pagado conforme a nuestros pecados. 11 Pues como la altura de los cielos sobre la tierra, así ha engrandecido su misericordia sobre los que le temen. 12 Tan lejos como está el oriente del occidente así hizo alejar de nosotros nuestras rebeliones". Salmos 103:10-12

Hay dos tipos de cristianos profesantes:

1. Los que están en el cielo: Aquellos que han nacido de nuevo y permanecen en Cristo. Enfrentan al SEÑOR honestamente en un verdadero arrepentimiento con su propia depravación y ·pecado, ayuno y oración, la cruz (crucificado), peleando la buena batalla de la fe en una caminata diaria y fundamentada con Jesús, y luego están...

2. Aquellos que eligen ser deshonestos y engañosos de corazón, sin arrepentirse, caminando en y amando las tinieblas en lugar de la luz, y así estos emigran a falsos maestros y falsas enseñanzas para justificar sus pecados. Tratan de esconderse de la responsabilidad personal por sus pecados, descartando toda responsabilidad personal ante Dios. Se cubren en lugar de confesar sus pecados para su propia destrucción. De la imagen de sus propios corazones malvados estos apóstatas se hacen dioses de los falsos maestros y sus enseñanzas que justifican el pecado (2 Timoteo 4:2-4). Esta es toda la construcción satánica y el sistema del calvinismo, la seguridad eterna/OSAS y el escondite para los cobardes morales que se niegan a presentarse honestamente ante el SEÑOR en arrepentimiento y confesión de pecado (Proverbios 28:13; Juan 3:19-21; Santiago 4:6-10).

Jesús requiere que simplemente nos acerquemos a Él con un **"corazón honesto y bueno"** (Lucas 8:15). Nos pide que clamemos a Él con sincera humildad y arrepentimiento, como hizo uno de los dos hombres de los que habló Jesús que subió a orar. Aquel cuya oración fue escuchada por Dios, simplemente oró: **"Dios, sé misericordioso conmigo, pecador"** (Lucas 18:13).

> **"Mi pecado te declaré y no encubrí mi iniquidad. Dije: "Confesaré mis rebeliones al SEÑOR". Y tú perdonaste la maldad de mi pecado. Selah".**
> **Salmos 32:5**

Ser conocedor de Dios es distinto de ser honesto con Dios, que es un acto del corazón y de la voluntad. Solo las almas **"honestas"** estarán en el Cielo. El orgullo impide la honestidad y es una condena del alma (Proverbios 16:18; 18:12). Cuando un hombre no se humilla, cubre sus pecados y se niega a reconocerlos abiertamente ante Dios (Salmos 32:5; 38:18; Proverbios 28:13; Lucas 8:15; Santiago 4:6-10; 1 Juan 1:9, etc.).

¿Quiénes son los auténticos seguidores de Jesús? ¿Has memorizado ya este versículo bíblico? **"El que encubre** *(esconde)* **sus pecados no prosperará; pero el que los confiesa y los abandona tendrá misericordia"** (Proverbios 28:13).

¿Quieres ver a un auténtico buscador de la verdad? Son honestos sobre su propia y desesperada necesidad de Jesús hoy. (Lee Salmos 51; 32:5; 38:18; 69:5; Mateo 5:3; Lucas 18:13.) Están peleando la buena batalla de la fe y no se excusan por su pecado, sino que lo confiesan y lo abandonan, cortando la mano y sacando el ojo, cueste lo que cueste (Proverbios 28:13; Marcos 9:43-49; 1 Timoteo 6:12).

Dios está trabajando actualmente en sus vidas, a diferencia de los falsos OSAS que eligen esconderse detrás de un mito y tener una mera **"forma de piedad"** y de los cuales el SEÑOR se ha alejado (Filipenses 2:12-13; 2 Timoteo 3:5).

Que se repita que, como David, cada uno de nosotros tiene motivos más que abundantes para clamar a Dios. Lee Salmos 51.

Cuando un hombre se vuelve honesto con Dios, ya no emigrará a las falsas enseñanzas para excusar, negar, defender o justificar su pecado. En cambio, buscará en oración a los verdaderos discípulos que son conocidos por su adhesión a las Sagradas Escrituras (Juan 8:47).

Los que creen vanamente en la mitología de la OSAS quieren detenerse en la cruz de Jesús. Esta tribu de falsificadores no quiere saber nada de la responsabilidad personal y de la vida crucificada que

Jesús manda para seguirle ahora, y para estar con Él por la eternidad en la gloria. De hecho, tachan a cualquiera que comunique la verdad BÍBLICA que habla de estas cosas como si enseñara la salvación basada en las obras (Lucas 9:23-24). El infierno les espera. **"Así también, cualquiera de ustedes que no abandone todo lo que tiene, no puede ser mi discípulo"** (Lucas 14:33).

Cuando una persona cree en OSAS/seguridad eterna, revela claramente que:

1. No están siendo honestos con Dios (Lucas 8:15).

2. No son honestos con Su Palabra (Romanos 3:4).

3. Se engañan a sí mismos y siguen una falsa enseñanza (Tito 3:10-11).

4. Tal vez Dios les ha enviado un **"fuerte engaño"** porque no recibieron el amor de Su verdad (2 Tesalonicenses 2:9-12).

5. No están estudiando para mostrarse aprobados ante Dios, sino que siguen a las serpientes que les dicen lo que sus corazones impenitentes quieren oír: les hacen ruido (2 Timoteo 2:15; 4:2-5; Judas 3-4; Isaías 30:9-10, etc.).

6. Han olvidado que Dios es santo y han convertido la gracia de Dios en "lascivia" -una licencia para pecar (Judas 3-4).

7. Ya no se salvan por gracia porque siguen en el pecado en lugar de arrepentirse, confesar su pecado y obedecer a Dios (Romanos 6:1-2; 11:20-22, etc.).

8. Están en peligro del fuego del infierno y va a ser peor que si nunca hubieran conocido, experimentado la salvación inicial (Ezequiel 33:12-13; 2 Pedro 2:20-21).

9. Al igual que Adán y Eva, que compraron esta misma mentira, se han apartado de la fe por **"prestar atención a los espíritus seductores y a las doctrinas de los demonios"** (1 Timoteo 4:1-2; Génesis 2:17; 3:4).

10. No aguantaron hasta el final a través de los tiempos de prueba y cayeron aunque todavía tienen una **"forma de piedad"** (Lucas 8:13; 2 Timoteo 3:5).

Jesús requiere total honestidad, verdadero arrepentimiento, buenos frutos que lo demuestren y que aguantes hasta el final para ser salvado en la gloria eterna (Mateo 3:7-10; 10:22; 24:13; Lucas 8:15; 13:3, etc.). Ser un auténtico discípulo de Jesús es una relación. ¿Serás como las cinco vírgenes prudentes o las cinco insensatas? ¿Estarás en la cámara nupcial eterna con el Esposo celestial, o serás excluido de ella por elegir salirte de la comunión íntima con Él antes del día de las bodas? (Lea Mateo 25:1-13.)

ORACIÓN: *Padre Santo, vengo a ti ahora sobre la base de Cristo y su perfecto sacrificio en la cruz por mí, por mis pecados. Señor, por favor, aférrame con Tu santo temor y santidad en el centro mismo de mi ser. Haz que mi corazón, mi espíritu, sea completamente transparente, completamente honesto contigo en todas las cosas, y extremadamente sensible a tus impresiones, convicciones, reprimendas y dirección. Por favor, rompe mi corazón, Señor, y hazme un espíritu humilde y contrito que tiemble ante tu Palabra. Y por favor hazme uno contigo. Por favor, lléname con tu Espíritu Santo de nuevo y úsame. En el nombre de Jesucristo, amén.*

Capítulo 16

Evangelización Auténtica

"Así que, somos embajadores en nombre de Cristo; y como Dios los exhorta por medio nuestro, les rogamos en nombre de Cristo: ¡Reconcíliense con Dios!" 2 Corintios 5:20

El SEÑOR llama a sus verdaderos discípulos como **"embajadores de Cristo"**, y como tales deben representar a Cristo, no al yo. El yo debe ser puesto a un lado, crucificado fuera del camino, y Cristo debe reinar-la vida de la cruz (Gálatas 2:20).

"Porque no nos predicamos a nosotros mismos sino a Cristo Jesús como Señor; y a nosotros como siervos de ustedes por causa de Jesús". 2 Corintios 4:5

"Porque me propuse no saber nada entre ustedes, sino a Jesucristo, y a él crucificado". 1 Corintios 2:2

Como el gran apóstol **"decidido"** a **"conocer"** y representar solo a Cristo, los **"embajadores"** no se sirven a sí mismos, sino a aquellos por quienes son enviados. Funcionan en nombre de su emisor. En el caso de los creyentes, somos enviados en

221

representación de **"una nación santa"** que no es de este mundo y, como tal, necesitamos la unción de nuestro Rey (1 Pedro 2:9).

Como diplomático de un país, por ejemplo, el enviado debe cumplir con un determinado y elevado estándar de comportamiento que implica representar a su país y si no, la historia nos dice que caerá en el descrédito por no cumplir con sus obligaciones.

Un embajador tiene mandatos que cumplir y, por tanto, debe ser diligente para cumplir esas directrices con integridad.

Al igual que un representante de un país debe mantenerse libre de enredos que le impidan cumplir con sus deberes, lo mismo debe hacer el embajador de Cristo.

Nota aquí que la victoria de Cristo apropiada en nuestras vidas implica hacernos libres para estar **"siempre abundando en la obra del Señor"**. Amigo, ¿estás involucrado en la **"obra del Señor"**?

"Pero gracias a Dios, quien nos da la victoria por medio de nuestro Señor Jesucristo. [58] Así que, hermanos míos amados, estén firmes y constantes, abundando siempre en la obra del

Señor, sabiendo que su arduo trabajo en el Señor no es en vano". 1 Corintios 15:57-58

Todos y cada uno de los creyentes deben estar personalmente involucrados en **"la obra del Señor"**, y **"la obra del Señor"** debe hacerse a la manera del Señor, y no de otra manera.

Como auténticos seguidores de Jesús, debemos comunicar las palabras de Dios y no las nuestras. Debemos hacer las cosas a la manera de Dios, no a nuestra manera.

"Los que siembran con lágrimas, con regocijo segarán. 6 El que va llorando, llevando la bolsa de semilla, volverá con regocijo trayendo sus gavillas *(cosecha)*". **Salmos 126:5-6**

Una cosecha de almas benditas va a ser el resultado, la cosecha del ministerio, el fruto de todos los que llevan y esparcen la semilla de la incorruptible Palabra de Dios en los corazones de los hombres (1 Pedro 1:23).

Dios no dijo: *"Ve a explicar quién soy yo a otras personas"*. No, Él dijo, **"predica la palabra"** y **"predica el evangelio"** (2 Timoteo 4:2; Marcos 16:15).

Todavía tenemos la tendencia a ser sabios en nuestros **"propios conceptos"** (Romanos 12:16). Que el SEÑOR nos bendiga con un verdadero arrepentimiento, resultando en permitir que Dios hable por sí mismo, simplemente dando a la gente Su Palabra en Su amor y sabiduría (Colosenses 3:16; 2 Timoteo 4:2, etc.).

La Palabra de Dios debe convertirse en el énfasis principal y no nosotros, no nuestras maravillosas y hábiles explicaciones finitas.

> **"Pues han nacido de nuevo, no de simiente corruptible sino de incorruptible, por medio de la palabra de Dios que vive y permanece. [24] Porque: Toda carne es como la hierba, y toda su gloria es como la flor de la hierba. La hierba se seca, y la flor se cae; [25] pero la palabra del Señor permanece para siempre. Esta es la palabra del evangelio que les ha sido anunciada". 1 Pedro 1:23-25**

La semilla incorruptible es la Palabra de Dios y no solo nuestra *explicación* de ella. La gente nace de nuevo por la semilla incorruptible de la Palabra misma y no por nuestra explicación.

> Dale Wren escribe: *"Y no estamos llamados a dialogar, sino a contender fervientemente por la fe que ha sido entregada a los santos".*

Esto es muy cierto. Aparte de la colina de Marte (Hechos 17), donde Pablo simplemente señaló a los buscadores al único Dios verdadero, la mayor parte de lo que vemos en los ministerios de Cristo y sus apóstoles es la enseñanza y la predicación de la Palabra, la verdad (Mateo 28:18-20; Marcos 16:15).

Hoy en día, se forman muchos ministerios que dialogan interminablemente con las personas, las personas perdidas (como los llamados "ateos") con el fin de convencerlos de alguna manera de que se conviertan en cristianos, como si se pudiera hablar con ellos para que se regeneren. Ravi Zacharias es un ejemplo de cómo un hombre puede filosofar sobre la existencia de Dios sin usar nunca las Escrituras-cuando la Palabra de Dios es la única manera en que la gente será convencida y salvada en el reino de Cristo. Sin embargo, millones de cristianos profesantes patrocinan, apoyan y siguen este tipo de "ministerios" sin Biblia y sin Escritura. **"La ley de Jehová es perfecta, que convierte el alma; el testimonio de Jehová es seguro, que hace sabio al sencillo"** (Salmos 19:7).

Como se observa en el Nuevo Testamento, dialogar con los pecadores no es la forma en que Dios trabaja para salvar las almas, esa no es la forma principal en que las personas se salvan en el reino de Cristo. Cuando Dios salva a alguien, es usualmente cuando la Palabra es enseñada o especialmente predicada, y las almas perdidas se arrepienten y son salvadas debido a su convicción de estar en estado de pecado, separadas de su Hacedor y destinadas al infierno.

Piensa en el Día de Pentecostés cuando Pedro predicó y 3,000 almas fueron salvadas, luego 5,000 (Hechos 2-4). También, el testimonio de los santos lleva a otros a ser salvos como la mujer en el pozo que testificó de Cristo y muchos comenzaron a seguir a Jesús (Juan 4). Ver Apocalipsis 12:11.

La Palabra de Dios Hablada, Cumple Su Voluntad

"Así será mi palabra que sale de mi boca: No volverá a mí vacía, sino que hará lo que yo quiero, y será prosperada en aquello para lo cual la envié". Isaías 55:11

Es la Palabra la que nunca vuelve a Dios vacía, no nuestra explicación.

Cuando encuentres a una persona en la oscuridad y actúe de forma contraria, no lo tomes como algo personal. No, más bien, considéralo como una oportunidad para plantar amablemente la semilla de la Palabra de Dios en su corazón, que nunca vuelve vacía al Señor, sino que siempre cumple lo que le agrada (Isaías 55:11). **"Dios es amor"** (1 Juan 4:8, 16).

El énfasis no debe estar en nuestra capacidad de explicar a Dios, sino en su Palabra y en obedecerle simplemente predicándola. Es la semilla incorruptible, la Palabra de Dios que trae convicción y salvación, no nuestras palabras (1 Pedro 1:23).

"Procura con diligencia presentarte a Dios aprobado, como obrero que no tiene de qué avergonzarse, que traza bien la palabra de verdad". 2 Timoteo 2:15

Lamentablemente, mucha gente se jacta de su pastor y de cómo (supuestamente) predica la Palabra. En la mayoría de los casos es obvio que están telegrafiando que confían en el simple hombre, el pastor, están enamorados de él, y no tienen vida, ni relación íntima con Cristo para ellos mismos. El SEÑOR desea que lo conozcamos personalmente y esto incluye en la base, estar en Su Palabra diariamente por nosotros mismos- aprendiendo de Él (Mateo 11:28-30; Juan 17:3; 2 Timoteo 2:15).

El infierno está lleno de personas que tomaron la palabra de los hombres en lugar de amar a Dios lo suficiente como para averiguar lo que Él dijo en SU Palabra por sí mismos, de primera mano. Es triste. Si un hombre no ama a Dios lo suficiente como para escudriñar y verter en oración Sus palabras, Sus instrucciones, Sus promesas y Sus doctrinas y advertencias por sí mismo, está en total necesidad de un verdadero arrepentimiento y de buscar continuamente el santo rostro del SEÑOR (1 Crónicas 16:11).

"Pero los malos hombres y los engañadores irán de mal en peor engañando y siendo engañados. 14 Pero persiste tú en lo que has aprendido y te has persuadido, sabiendo de quiénes lo has aprendido 15 y que desde tu niñez has conocido las Sagradas Escrituras, las cuales te pueden hacer sabio para la salvación por medio de la fe que es en Cristo Jesús. 16 Toda la Escritura es inspirada por Dios y es útil para la enseñanza, para la represión, para la corrección, para la instrucción en justicia, 17 a fin de que el hombre de Dios sea perfecto, enteramente capacitado para toda buena obra ". 2 Timoteo 3:13-17

Predica la Palabra

"Te requiero delante de Dios y de Cristo Jesús, quien ha de juzgar a los vivos y a los muertos tanto por su manifestación como por su reino: 2 Predica la palabra; mantente dispuesto a tiempo y fuera de tiempo; convence, reprende y exhorta con toda paciencia y enseñanza. 3 Porque vendrá el tiempo cuando no soportarán la sana doctrina; más bien, teniendo comezón de oír, amontonarán para sí maestros conforme a sus propias pasiones [4] y, a la vez que apartarán sus oídos de la verdad, se volverán a las fábulas". 2 Timoteo 4:1-4

La Parábola de la Semilla que Crece

"También decía: "Así es el reino de Dios, como cuando un hombre echa semilla en la tierra. [27] Él duerme de noche y se levanta de día, y la semilla brota y crece sin que él sepa cómo. [28] Porque de por sí la tierra da fruto: primero el tallito, luego las espigas y después el grano lleno en la espiga. [29] Y cuando el fruto se ha producido, en seguida él mete la hoz porque la siega ha llegado". Marcos 4:26-29

Conforme a Cristo y, por tanto, lleno de Su Compasión

La entrega adecuada de la Buena Nueva, el Evangelio de nuestro SEÑOR, requiere que seamos poseedores de Su visión de los perdidos.

"Y cuando vio las multitudes, <u>tuvo compasión de ellas</u> porque estaban acosadas y desamparadas como ovejas que no tienen pastor". Mateo 9:36

Con el objetivo de llevarnos al lugar de ser un ministro efectivo de Cristo, nuestro SEÑOR y gran Alfarero, nos permitirá ser despojados de toda justicia propia y llenos de la compasión y misericordia de Cristo (Mateo 9:35-38). Esto requerirá nuestra participación personal en la búsqueda de Dios para ser quebrantados, purgados y limpiados de todo lo que no proviene de Cristo, toda la justicia propia y el desprecio despiadado e injustificado de los necesitados de Cristo, ya sean reincidentes o el pagano de rango que necesita el perdón divino. **"Porque la ira del hombre no obra la justicia de Dios"** (Santiago 1:20).

"Pues la <u>ira de Dios</u> se manifiesta desde el cielo contra toda impiedad e injusticia de los hombres que con injusticia detienen la verdad;" Romanos 1:18

"Oh hombre que juzgas a los que practican tales cosas y haces lo mismo, ¿supones que escaparás del juicio de Dios? 4 ¿O menosprecias las riquezas de su bondad, paciencia y magnanimidad, ignorando que la bondad de Dios te guía al arrepentimiento? 5 Pero por tu dureza y por tu corazón no arrepentido acumulas sobre ti mismo ira para el día de la ira y de la revelación del justo juicio de Dios. 6 Él recompensará a cada uno conforme a sus

obras: [7] vida eterna a los que por su perseverancia en las buenas obras buscan gloria, honra e incorrupción; [8] pero enojo e ira a los que son contenciosos y no obedecen a la verdad sino que obedecen a la injusticia; [9] tribulación y angustia sobre toda persona que hace lo malo (el judío primero, y también el griego); [10] pero gloria, honra y paz a cada uno que hace el bien (al judío primero, y también al griego). [11] Pues no hay distinción de personas delante de Dios". Romanos 2:3-11

Siempre que estés hablando las palabras de Dios, estás predicando el juicio de DIOS, no el juicio de simples hombres. **"No juzguéis según la apariencia, sino juzgad con juicio justo"** (Juan 7:24). Las palabras de Dios SON llamadas específicamente los **"juicios"** de Dios. Solo en el Salmo 119, las palabras de Yahveh son llamadas **"juicios"** 18 veces. Inherentes a Sus palabras están Sus **"juicios"**.

En mi trabajo de predicación del Evangelio he tenido la experiencia de encontrarme con muchos pecadores que juzgan imprudentemente a los demás. Así que, además de darles las palabras de advertencia de Jesús en Mateo 7:1-5, aquí está mi respuesta a uno de ellos:

"Dios dice que (nombre del pecador) es un mentiroso, un ladrón, un adúltero, un fornicador, y es culpable de cometer cualquier otro pecado bajo el sol. Todos hemos pecado y vamos a pagar eternamente por esos pecados en el infierno a menos que nos arrepintamos y recibamos a Jesús para el perdón de nuestros pecados. Por lo tanto, juzgar a otros es simplemente una cortina de humo. Eres 100% culpable de pecado y estás en un gran problema. Arrepiéntete y recibe a Jesús antes de que sea demasiado tarde. La Palabra de Dios dice que vas a ir al infierno si no te arrepientes y recibes a Cristo".

El auténtico discípulo debe clamar al SEÑOR para ser despojado de todo rastro de iniquidad que no agrade a Jesucristo. La justicia propia es una de esas actitudes contaminantes. Personalmente, he incorporado este siguiente pasaje para recitarlo y meditarlo diariamente con el fin de disipar este mal de la justicia propia.

"Él nos salvó, no por las obras de justicia que nosotros hubiéramos hecho, sino según su misericordia; por medio del lavamiento de la regeneración y de la renovación del Espíritu Santo [6] que él derramó sobre nosotros abundantemente por medio de Jesucristo nuestro Salvador. [7] Y esto para que, justificados por su gracia, seamos hechos herederos

conforme a la esperanza de la vida eterna". Tito 3:5-7

En resumen, toda la Escritura atestigua que Dios puede utilizar y utilizará a Sus discípulos honestos y de corazón puro (Mateo 5:8; 2 Timoteo 2:21, etc.).

Entrar en la acción del Evangelio comienza con una simple oración, tal vez algo así ....

ORACIÓN: *Señor, por favor, limpia, prepara y úsame para tu gloria. Aquí estoy, por favor envíame querido Señor. En el nombre de Jesús, amén.*

Hacer las Paces con Dios

¿Estás preparado para pasar de la muerte a la vida? El acontecimiento más asombroso de la historia humana ocurrió cuando este hombre, Jesucristo, murió en una cruz romana. Cuando murió, una oscuridad intempestiva cubrió la tierra a las 3:00 p.m. y ocurrió un terremoto mientras Él daba su último aliento. Este hombre llamado Jesús fue crucificado. Tres días después resucitó de entre los muertos. Aquí está la razón por la que murió:

"Las iniquidades (pecados) **de ustedes son las que hacen separación entre ustedes y su Dios. Sus pecados han hecho que su rostro se oculte de ustedes para no escuchar". ~ Isaías 59:2**

Dios es santo, y nuestros pecados nos separan de Él. Todos hemos roto las leyes de Dios al mentir, deshonrar a nuestros padres, engañar, odiar, cometer un acto sexual (incluso en nuestra mente) con alguien con quien no estamos casados, robar, codiciar, tomar Su santo nombre en vano, etc. Todos estos son pecados contra Dios, y todos somos culpables. Cometer uno solo de estos pecados nos hace culpables de violar toda la ley y merecer la muerte.

La justicia divina exige que nuestras violaciones sean castigadas. Porque somos culpables de romper la santa ley de Dios, merecemos ser justamente pagados por nuestras ofensas. Sin embargo, Dios no quiere que seamos castigados en el infierno para siempre, así que envió a su Hijo a pagar la deuda por nosotros, para que no tuviéramos que pagar por nuestros propios pecados en el infierno eterno como claramente merecemos, sino que viviéramos ahora y para siempre con Él. ¡Qué amor!

Al final de una vida perfecta (sin pecado), Cristo cargó con la misma cruz en la que iba a ser clavado. Su infinito amor por ti, junto con los clavos clavados en sus manos y pies, lo sujetaron a esa cruz mientras agonizaba durante 6 horas de dolor, para pagar por tus pecados. Fue crucificado para hacer la paz entre Dios y el hombre. El Hijo de Dios tendió un puente sobre la brecha que el pecado había causado. Este maravilloso hombre llamado Jesús eligió derramar Su sangre vital (morir con un dolor insoportable) por ti en lugar de vivir sin ti. Él te ama.

"Porque la paga del pecado es muerte; pero el don de Dios es vida eterna en Cristo Jesús, Señor nuestro". ~ Romanos 6:23

Cristo murió para pagar totalmente por los pecados de la raza humana (Juan 19:30). Dios nos ama y quiere que experimentemos la relación con Él, ahora y para siempre (Juan 17:3). Amigo, ¿quién más ha muerto por ti sino Jesús, el Buen Pastor?

"Porque, aún siendo nosotros débiles, a su tiempo Cristo murió por los impíos (ese eres tú)". **~ Romanos 5:6**

Jesucristo lleva esas cicatrices en sus santas manos y pies que demuestran cuánto te ama (Romanos 5:6-9; 2 Corintios 5:19-21; 1 Juan 3:16). Nadie más murió por tus pecados en una cruz cruel, para comprarte de vuelta a Él. Él **"quien se dio a sí mismo en rescate por todos, de lo cual se dio testimonio a su debido tiempo"** ~ (1 Timoteo 2:6).

"Fiel es esta palabra y digna de toda aceptación: que Cristo Jesús vino al mundo para salvar a los pecadores, de los cuales yo soy el primero". ~ 1 Timoteo 1:15

Ninguna religión o figura religiosa puede salvar tu alma del infierno (no importa lo que afirmen). Jesús no vino a iniciar una religión, sino a establecer su reino eterno en los corazones de los hombres, concediéndoles una relación con Dios. Jesucristo es el único que lleva las manos y los pies marcados con clavos por tus pecados. Él es el único camino hacia Dios y tu única esperanza.

"Porque hay un solo Dios y un solo mediador entre Dios y los hombres, Jesucristo hombre". ~ 1 Timoteo 2:5

El Hijo de Dios murió y resucitó para quitar todos tus pecados. Él era el único calificado para el trabajo y Él es el único digno de tu adoración.

La Paz con Dios Ocurre Cuando Nos Encontramos con el Príncipe de la Paz.

No es casualidad que estés leyendo este mensaje. Este es tu momento en la historia para ser salvado. Orar y hacer buenas obras e ir a la iglesia no salvará a ninguna persona del castigo eterno. **"Porque por gracia** (favor inmerecido) **son salvos por medio de la fe; y esto no de ustedes pues es don de Dios. 9 No es por obras, para que nadie se gloríe"** (Efesios 2:8-9). Solo la buena obra de Cristo derramando Su sangre sin pecado en la cruz por ti, salvará tu alma al arrepentirte ante un Dios y Juez santo y justo.

Si vas a estar bien con el SEÑOR y a ir al Cielo, debe haber un momento de ajuste de cuentas. Ahora es tu momento de ser salvado. Nadie podrá ganar el favor de Dios a través de una vida de buenas obras. Tiene que haber, necesariamente, ese momento divinamente definitorio en el que pones toda tu vida/ser/existencia en Sus perfectas y santas manos.

Aplica Su santa sangre a tu vida para que puedas ser salvado, perdonado, y vivir eternamente con Él. Debes entregar tu vida completamente a Él en arrepentimiento y fe.

En un momento de sincera soledad, quédate a solas con Dios u ora con otro verdadero cristiano nacido de nuevo. Aléjate de todo lo demás para honrar a Aquel que te hizo, inclinando tu corazón para hablar en oración con Aquel que es tu Dios y Juez. Él está escuchando. De hecho, Él es el mismo que orquestó todo esto y te trajo a este lugar.

A continuación hay un modelo de oración. Si oras a Dios sinceramente y desde lo más profundo de tu corazón, en sincero arrepentimiento, volviéndote al SEÑOR con todo lo que hay en ti, el SEÑOR escuchará y responderá tu oración y te salvará, lavando tus pecados en Su sangre.

Tu Oración de Arrepentimiento a Dios para ser Salvado

Querido Padre celestial, ahora mismo, si nunca antes, vengo a ti como una persona rota y pecadora. Gracias por enviar a tu Hijo unigénito a morir en mi lugar por mis pecados. Gracias Jesús por venir a esta tierra a morir y resucitar para rescatarme del pecado y del infierno eterno y salvarme para Tu gloria eterna. En este momento, si nunca antes, te recibo Señor Jesús. Entra y toma toda mi vida. Soy todo tuyo y Tú eres todo mío. Te amo Jesús y te seguiré desde este momento hasta que esté contigo en el cielo para siempre. Por favor, úsame para ayudar a otros a conocerte, querido Señor. En el nombre de Jesús, Amén.

s

Dile a otro cristiano que Jesús te ha salvado en su reino. Encuentra un grupo de creyentes amantes de Cristo y que vivan la Biblia. Bautizate en agua. Lee tu Biblia del Rey Santiago, diariamente, y habla con Dios en oración. Sigue a Cristo hasta el final de tu vida.

• Dale gracias-preferiblemente con el corazón y las manos levantadas, da gracias verbales al SEÑOR diariamente por encontrarte y salvarte del pecado y del infierno y por Su gloria y propósito eterno.

• Pide al Señor que te llene de su Espíritu Santo y te utilice (Hechos 1:48; 2:14; 2:38-39; 19:1-6).

• Dile a otro cristiano que el Señor te ha salvado (Lucas 12:8 -9).

• Encuentra un grupo de creyentes centrados en Cristo que amen la Palabra de Dios y la estudien sin cesar. Aléjate de los que están orgullosos de su iglesia, su pastor o su denominación. Conviértete en miembro de aquellos que magnifican incesantemente a Jesucristo, el Salvador resucitado con las uñas, por encima de todo lo demás (Colosenses 2).

• Ser bautizado en agua (Hechos 2:38).

• Obtén un ejemplar del folleto titulado:

¿Qué sigue? Ahora que estás salvado (en SafeGuardYourSoul.com o Amazon.com)

• Lee diariamente tu Biblia del Rey Santiago y habla con Dios en oración. Lee por lo menos cuatro capítulos cada mañana tan pronto como te despiertes. Haz un plan de lectura y alimentación de la Biblia.

• Sigue a Cristo hasta el final de tu vida (Mateo 24:13).

• Lee y obedece la Palabra de Dios (Santiago 1:22).

• Estás invitado a leer posts, escuchar audios y programas de radio, etc., e inscribirte en el devocional gratuito por correo electrónico. Todo esto está disponible en SafeGuardYourSoul.com, para ayudarte a crecer en la gracia como un discípulo nacido de nuevo de Jesús (Colosenses 2:6-10).

Agudiza tu discernimiento personal. ¡Crezcamos juntos en Su gracia!

Regístrate aquí para recibir correos electrónicos edificantes de SafeGuardYourSoul.com.

Inscríbete en: **info@SafeGuardYourSoul.com**

Dirección postal:

Todd Tomasella
9201 Warren Pkwy. Ste. 200
Frisco, Texas 75035

Made in the USA
Las Vegas, NV
15 February 2025

17729689R00134